铁路科技图书出版基金资助出版

# 面向世界的复兴号

《面向世界的复兴号》编委会 著

中国铁道出版社有限公司
CHINA RAILWAY PUBLISHING HOUSE CO., LTD.

## 内容简介

本书系统梳理了中国高速列车发展历程，全面介绍了复兴号的研发思路与组织模式、关键技术参数的确定和论证过程；精准阐述了复兴号关键系统的组成、创新手段及卓越性能；首次披露了复兴号品牌战略的实施情况，为今后新型高速列车的研制提供了借鉴，也为其他大型装备的研发创新提供了启发和思考。本书可供技术人员和决策者参考，适合对高铁和动车组技术感兴趣的读者阅读。


**图书在版编目（CIP）数据**

面向世界的复兴号/《面向世界的复兴号》编委会著. —北京：中国铁道出版社有限公司,2020.9（2024.5重印）
（中国高铁技术丛书）
ISBN 978-7-113-27077-3

Ⅰ.①面…　Ⅱ.①面…　Ⅲ.①高速动车－介绍－中国　Ⅳ.①U238

中国版本图书馆CIP数据核字（2020）第126276号

**书　　名：面向世界的复兴号**
MIANXIANG SHIJIE DE FUXINGHAO
**作　　者：**《面向世界的复兴号》编委会

---

**责任编辑：**许士杰　　电话：(010) 51873204　　电子邮箱：syxu99@163.com
**封面设计：**崔丽芳
**版式设计：**崔丽芳　刘　莎　曾　程
**责任校对：**焦桂荣
**责任印制：**赵星辰　高春晓

---

**出版发行：**中国铁道出版社有限公司（100054，北京市西城区右安门西街8号）
**网　　址：**http://www.tdpress.com
**印　　制：**北京盛通印刷股份有限公司
**版　　次：**2020年9月第1版　2024年5月第2次印刷
**开　　本：**787 mm×1 092 mm　1/16　印张：15　字数：170千
**书　　号：**ISBN 978-7-113-27077-3
**定　　价：**98.00元


---

# 《面向世界的复兴号》编委会

# 前言

复兴号中国标准动车组研制工作于2012年底正式启动，采取“用户主导、需求牵引”模式，2013年12月完成总体技术条件制定，2015年6月两列样车竣工下线，2017年1月取得型号合格证和制造许可证，2017年6月25日，中国标准动车组正式命名为“复兴号”，6月26日在京沪高铁双向首发，9月21日在京沪高铁实现时速350 km商业运营。

复兴号投入运营以来，展现出良好的安全可靠性、技术先进性和乘坐舒适性，旅客体验反映良好，社会各界高度评价。本书从记事和技术两个角度，向读者介绍了复兴号诞生的时代背景，铁路人提出并实施复兴号技术创新的主要原因，实施复兴号的重大技术原则和顶层指标的确定，复兴号的技术突破，复兴号能否满足走出去要求，复兴号的性能，复兴号的命名以及复兴号时速350 km运营情况等等。

复兴号给我们带来了什么，应该说对参与复兴号研制

的人来说会有所不同。复兴号在研制过程中遇到了无数困难，出现了大量难题，在复兴号研制之前，对于引进消化吸收的动车组主要是靠外方去技术总负责的，而从复兴号研发开始，每一个困难，每一个难题都是靠我们自己的技术人员解决的。回过头来看，大家都深深地感到，每当我们克服一个困难，解决一个难题，我们就向前迈进了一步，这些点滴进步的积累成就了复兴号这一伟大的创举。

“复兴号”是十分响亮的名字，它不仅是一个名字，更是一个标志，它是中国铁路人，乃至全体中国人，创新拼搏，奋斗不止的标志，也是中华民族复兴发展、必将屹立于世界民族之林的时代呼唤。

让我们带着期待和憧憬，共同去重温这一广大铁路科技工作者发奋图强、勇攀世界铁路科技高峰的波澜壮阔的历程吧！

# 目录

Contents

# 引言

Introduction

2018年新年伊始，习近平总书记在新年贺词中提到："复兴号奔驰在祖国广袤的大地上"。在2018年5月28日举行的中国科学院第十九次院士大会和中国工程院第十四次院士大会上，习近平总书记在论述"我们着力引领产业向中高端迈进"的历史性成就中指出"复兴号高速列车迈出从追赶到领跑的关键一步"。万众瞩目的复兴号得到了习近平总书记的点赞，这让无数铁路人欢欣鼓舞，从中感受到了强大的精神动力，使铁路人倍感振奋。

复兴号是中国自主研制的高速动车组，自2017年投入运用以来，已经成为京沪等多条高铁干线的运力担当，树立了世界高铁商业运营的新标杆。复兴号的发展轨迹，是中国高铁坚持创新驱动发展、努力攻坚克难的缩影，生动地展现了中国铁路人砥砺前行、执着追求中国梦的奋斗历程。

高速铁路代表着更高的运输效率和服务质量，是铁路现代化的重要体现。中国从20世纪末开始探索高铁发展之路，多年的艰辛探索，十多年的大规模建造，中国人用聪明才智和勤劳勇敢，跨越了国外超过半个世纪的高铁研发及推广应用历程，完成了堪称21世纪交通领域的一次创举，创造了令全世界惊叹的高铁奇迹。

展开中华人民共和国交通图，映入眼帘的是纵横交错的铁路交通大干线，犹如神州大地上奔涌的血脉，向国土的每一个角落延伸。连通南北的京广高速铁路是强劲的脊柱，横贯东西的连徐—徐兰客运专线像巨人伸展的双臂。总里程3.5万 km、世界最大规模的高速铁路网每天运行数千列高速动车组，已经安全运送旅客超过100亿人次，成为新中国改革开放四十多年的一项重大成果。

中国铁路总里程从新中国成立时的2万多公里增长到2019年底的13.9万多公里，高铁总里程则是从零起步，增长到2019年底的3.5万 km，占全世界高铁总里程的三分之二以上。2019年，全国铁路旅客发送量高达35.7亿人次，其中动车组旅客发送量为22.9亿人次，占比为64.1%，充分展示了动车组对旅客出行的重大影响。动车组以占39.5%的客车比例，完成了64.1%的旅客运输任务。动车组的运输能力和效率得到了充分体现。

作为高铁核心装备，高速动车组一直是中国高铁技术创新的重中之重。具有自主知识产权的中国标准动车组研制成功并投入运营，是铁路人共同努力，坚持需求导向、问题导向、目标导向，打破国外技术垄断、打造完全适应中国铁路运营条件和需求的重要成果。

2017年6月25日，中国标准动车组被正式命名为“复兴号”。2017年6月26日上午11时05分，两列复兴号在京沪高铁双向首发，以300 km/h速度载客运营。同年9月21日，复兴号在京沪高铁率先以350 km/h商业运营，为世界高速铁路商业运营树立了新标杆。在京沪高铁之后，京津、京广、沪宁等高铁线路上也陆续有了复兴号繁忙的身影。它们奔驰在祖国广袤的大地上，承担起了为广大旅客提供快捷、舒适运输服务的重任。

复兴号在国内外产生了重大影响，让国人骄傲和自豪，也让国外同行们惊叹。《面向世界的复兴号》讲述复兴号发展历程，介绍复兴号先进技术，畅想复兴号美好未来，回答复兴号为何而来、从哪里来、到哪里去，希望能以此传播铁路科技知识，助力复兴号品牌战略的实施，为交通强国、铁路先行作出应有贡献。

和谐号
CRH

# 第一章 中国动车组

## 前期探索和技术引进

ZHONGGUO DONGCHEZU

QIANQI TANSUO HE JISHU YINJIN

铁路行车速度是铁路核心技术指标之一。在高速铁路出现在中国之前，我国铁路旅客列车平均旅行速度一般维持在60 km/h以下，铁路客运设施和技术水平与旅客出行需求相比存在较大差距。在铁路运能总体十分紧张这一大背景下，铁路旅客列车速度的提高经历了一个较长时期的过程。

# 第一节　早期高速铁路发展背景

## 一、铁路技术政策的调整

《铁路主要技术政策》是铁路行业指导技术发展的重要文件，一般每五年修订一次，主要为铁路未来五年技术发展提供指南，从其修订过程可以看出铁路技术发展着力点的变化，也可以看出对于速度的重视经历了一个发展的过程。

1983年，铁路管理部门颁布实施第一版《铁路主要技术政策》，重点围绕“列车重量、密度、速度”三个关键元素制定相应措施：“逐步提高列车重量，增加行车密度，在此基础上适当提高行车速度，以达到较大幅度地提高铁路输送能力，获得较好经济效益的目的”。此时的铁路主要技术政策将提高列车重量放在首位，并未强调如何提高客车速度。这里的“重”指的是增加货运重量，以发展重载铁路为标志；“密”就是增加客货运的行车密度，密度越高，运输量越大；“速”就是大力提高客车运营速度。在发展高铁技术之前，中国铁路的发展重点放在了“重”和“密”上面。

1988年，第二版《铁路主要技术政策》相关表述为：“大力提高列车重量，积极增加行车密度，适当提高行车速度；积极发展重载运输，继续扩大旅客列车编组。”可以看出，这个时期铁路管理部门逐步提出了提高客车速度和扩大客车编组的要求。

1993年，第三版《铁路主要技术政策》相关表述调整为：“客货运输特别繁忙干线修建第二双线，客货分线运输，大力提高列车重量，积极增加行车密度，努力提高行车速度”，提出了“客货分线”概念，明确了提升行车速度的努力方向。

2000年，第四版《铁路主要技术政策》中，铁路管理部门首次提出要大规模提高客车速度的要求，并制定了“旅客运输高速化、快速化，货物运输重载化、快捷化”的技术发展方向，要求“普遍提高行车速度，逐步建立快速客运系统和快捷货运系统”。发展目标调整为速度第一、密度第二、重量第三，重点突出了提高列车速度的重要性。

随着铁路的发展，铁路技术政策核心思想从最初的“重、密、速”逐步演变成“速、密、重”，“列车速度”这个关键变量变得愈加重要。大力提高列车速度，不仅仅是

⊙ 大秦铁路2万 t 重载列车

铁路追求自身发展的结果，也是同民航、高速公路市场竞争，以及对国外高速铁路发展经验借鉴的结果。

## 二、高速公路和民航的崛起

20世纪90年代初，高速公路和航空得到迅猛发展。中国高速公路建设始于1987年，首条开通运营的是沈阳至大连高速公路，全长375 km，被誉为“神州第一路”，沈大高速的开通拉开了我国高速公路大规模建设的序幕。根据国家统计局资料，截至1990年，高速公路仅开通了500 km，到2000年累计开通超过1.63万 km，此后高速公路营业里程持续快速增长。

民航的发展势头也不弱，根据《中国统计摘要2013》提供的数据，1990年全国开通定期航班航线437条，定期航班通航机场94座，民用飞机503架；2000年分别增加到1165条、139座和982架。

客运市场方面，1990～2000年间，公路、航空市场份额总体呈现逐步上升趋势，铁路则呈现下行趋势。从客运量市场份额看，与1980年相比，1990年公路、航空分别由65.19%和0.1%上升到83.87%和0.21%，2000年更是上升到91.13%和0.45%，而铁路则由26.98%下降到12.39%，2000年逐渐下降到7.11%，下降了19.87个百分点；从旅客周转量市场份额看，公路、航空分别由31.98%和1.73%上升到46.56%和4.09%，2000年逐渐上升到54.3%和7.92%，而铁路则由60.63%下降到46.42%，2000年更是下降到36.97%，下降了23.66个百分点。与铁路客运市场疲软相对应的是客运列车的长期低速运营。2000年，中国铁路客运列车平均旅行速度仅为56.8 km/h，货运列车平均旅行速度长期在31.8 km/h左右，已经不能适应国民经济快速发展的需求。

## 三、国外高速铁路的发展

按照国际铁路联盟的定义，既有线铁路提速达到200 km/h甚至220 km/h，新建铁路设计速度达到250 km/h，称之为高速铁路。高速列车是高速铁路系统的核心装备，普遍采用动车组模式，即由若干动力车（带动力的车辆）和若干拖车（不带动力的车辆）固定编组而成，可两端操控、双向行驶。从动力来源分类，动车组可分为电动车组、内燃动车组、混合动力动车组；从动力配置模式分类，动车组可分为动力集中型、动力分散型。日本、法国、德国是国际上较早发展高速铁路技术的国家。

1964年，日本建成世界上第一条高速铁路——东海道新干线（东京—新大阪），全程515 km，开通时列车最高运营时速210 km。此后，日本新干线里程不断增加，逐渐延伸

⊙ 日本高速铁路示意图

0系

100系

200系

300系

400系

500系

700系

800系

E1

E2

E3

E4

E5

E6

⊙ 日本主要动车组

⊙ 日本E7型新干线列车

⊙ 日本N700S型新干线列车

至本州、九州岛的大部分地区。目前，日本已开通或部分开通东海道新干线（东京—新大阪）、山阳新干线（新大阪—博多）、上越新干线（大宫—新潟）、东北新干线（东京—新青森）、北陆新干线（高崎—长野—金泽）、九州新干线（博多—鹿儿岛中央）及北海道新干线（新青森—新函馆北斗）。截至2019年底，日本新干线运营里程3 041 km，其中时速250 km及以上的运营里程2 464 km。

日本动车组主要采用动力分散牵引方式，主要包括两大系列：一为以百位数字表示的高速列车，从0系开始，发展出100系、200系、300系、400系、500系、700系、800系及N700系等型号；二为E系高速列车，有E1、E2、E3、E4、E5、E6、E7/W7等型号。日本目前运行的各系动车组的最高运营速度从210 km/h到320 km/h不等，其研制的新一代动车组为N700S和在研的ALFA-X试验列车。N700S型动车组最高运营速度为300 km/h，原计划于2020年东京奥运会投用，专注于轻量化、节能、提升舒适性，采用了基于碳化硅功率器件的牵引系统，有8辆、12辆和16辆三种编组形式，与N700A动车组相比，重量降低13 t，能耗减少7%；ALFA-X动车组是JR东日本公司主导研制的高速试验列车，以轻量化、环境友好、提升舒适性为设计目标，最高运营速度目标为360 km/h，为10辆全动车编组，增设了采用非黏着制动方式的风阻制动和涡流制动。目前该列车处于试验阶段。

1981年，法国建成欧洲第一条高速铁路——巴黎东南线（巴黎—里昂）南段，全程275 km，开通时列车最高运营时速270 km。此后，法国陆续开通了大西洋线（巴黎—勒芒/图尔）、罗纳—阿尔卑斯线（里昂—瓦朗斯）、北方线（巴黎—里尔/加来）、巴黎大区东部联络线（环巴黎）、地中海线（瓦朗斯—马赛）、东欧线（一期，巴黎—波德赫谷）、佩皮尼昂—菲格拉斯线、莱茵—罗纳线东段（一期，第戎—米卢斯）、东欧线（二期，波德赫谷—旺德内姆）、布列塔尼—卢瓦尔河地区线（勒芒—雷恩）、南欧大西洋线（图尔—波尔多）。截至2019年底，法国高速铁路运营里程2 734 km，时速均在250 km及以上。

⊙ 法国高速铁路示意图

TGV-PSE

TGV-A

TGV-R

⊙法国早期主要动车组

⊙法国TGV-Dasye动车组

法国自1978年研发第一列TGV高速列车以来，目前形成了四代产品：第一代TGV-PSE型高速列车，采用动力集中方式，速度275 km/h。第二、三代高速列车在第一代基础上进行了改进，依然采用动力集中方式，速度为300 km/h和320 km/h，第二代包括TGV-A、TGV-R、TGV-TMST、TGV-PBKA等型号。第三代包括TGV Duplex、TGV Dasye、TGV 2N2和TGV Duplex Ouigo等型号。第四代为AGV高速列车，采用动力分散、永磁同步牵引电机、涡流制动等技术，速度350 km/h。目前最新研究的动车组为新一代动力集中双层动车组TGV Horizon，重点关注于降低单位运输成本与日常维护成本。该动车组将取代自1995年起使用的TGV Duplex双层列车。

⊙ 法国TGV Duplex动车组

⊙ 法国研制的AGV动车组产品

⊙ 德国高速铁路示意图

1991年，德国开通第一条高速铁路（汉诺威—富尔达—维尔茨堡高速铁路），全程327 km，开通时列车最高运营时速280 km；同年，开通了第二条高速铁路（曼海姆—斯图加特高速铁路），全程99 km。截至2019年底，德国高速铁路运营里程1 571 km，时速250 km及以上的运营里程1 140 km。

德国高速动车组的发展经历了一个从动力集中向动力分散发展的过程。其1991年6月2日正式投入运营的ICE 1采用动力集中模式，最高运营速度280 km/h，其后又研制了ICE 2，也是采用动力集

⊙ 德国ICE 1动车组

⊙ 德国ICE 2动车组

中模式，于1996年投入运营。随着动车组运行速度的提高，德国动车组的技术体系也从动力集中转向动力分散模式，其最典型的动车组为2002年投入运营的ICE 3，采用4动4拖动力配置，最高运营速度提高到320 km/h。除了常规型动车组外，为了适应既有线多曲线的要求，德国还研制并投入运营了大量动力分散摆式动车组，包括电力摆式动车组ICE T和内燃摆式动车组ICE TD。德国最新研制并已投入运营的动力分散动车组为ICE 4，典型配置采用6动6拖，最高运行速度250 km/h，于2017年12月投入运行，其突出特点为采用模块化动力方案，可根据运营需求选择5~14辆编组形式，最高速度可达280 km/h。

目前，德国西门子正在研发最新一代高速动车组平台Velaro NOVO，重点关注全寿命周期成本，目标是能耗降低30%，采购成本降低20%，维护成本降低30%，重量减少15%，定员增加10%。目前西门子已制造了一节样车，编组在德铁的ICE综合检测列车中进行相关测试。

⊙ 德国ICE 3动车组

⊙ 德国ICE T动车组

⊙ 德国ICE 4动车组

日、法、德三国高铁的成功运营，展示了高铁在安全、快捷、节能、环保等方面的优势，一些国家立足经济社会可持续发展需求，从政策和财力上加大对高铁建设的支持，推动世界高速铁路快速发展。从20世纪90年代开始，意大利、西班牙、比利时等国纷纷开始发展高铁，欧洲高铁网络逐步成型；此后，亚洲、北美洲、澳洲也加入到发展高铁行列，世界范围内掀起了高速铁路建设热潮。

## 四、中国铁路既有线提速

中国铁路于20世纪90年代开始在广深线进行提速试验，随后在1997~2007年间组织实施了六次大面积提速，期间研制了一系列新型装备，掌握了时速200 km既有线提速技术，提升了铁路运输效率和服务质量，为高速铁路发展奠定了基础。

（1）中国铁路提速试验

20世纪90年代初，[注]铁道部在广深线组织开展了历时4年的提速技术攻关和工程改造，最高时速从100 km提高至160 km，并建设了时速200 km试验段，开发了无缝线路成套技术，研制了时速160 km客运电力机车、内燃机车、新型客车等产品；1995~1996年，中国铁路在沪宁、京秦、沈山、郑武线组织了4次既有线提速至160 km/h的综合试验；1997年，在亚洲唯一的铁道综合试验基地——铁科院环行铁道试验基地（国家铁道试验中心），开展了最高速度达到212 km/h的提速试验；1998年，在郑武线进行旅客列车提速试验，创造了最高试验速度240 km/h的新纪录。

（2）1997~2007年中国成功实施了六次大面积提速

1997年4月1日，京广、京沪、京哈三大干线全面提速，开行了最高时速140 km的快速列车和夕发朝至列车，列车上睡一觉，第二天到达目的地的“旅馆列车”成为这

注：2013年3月，根据第十二届全国人民代表大会第一次会议审议通过的国务院机构改革和职能转变方案，不再保留铁道部，组建中国铁路总公司。为叙述方便，此处铁道部前不加“原”，全书同。

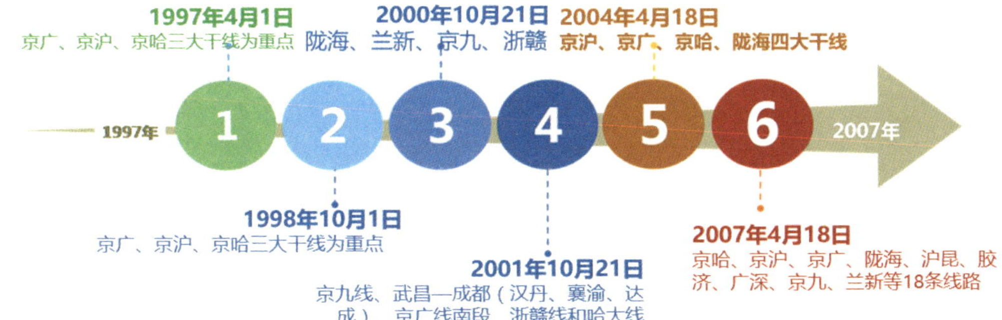


⊙ 中国铁路六次大提速

一阶段的标志。

1998年10月1日，京沪、京广、京哈三大干线再次提速，列车最高运行速度达到160 km/h，广深铁路进行全线电气化改造，同时提速至200 km/h，并开行了“新时速X2000”高速列车。

2000年10月21日，在陇海、兰新、京九、浙赣线实施了第三次提速，客运列车速度普遍提高到160 km/h，初步形成了全国主要地区“四纵两横”的提速网络。

⊙ 第三次提速（西部地区提速）

2001年10月21日，在京九线、武昌—成都、京广线南段、浙赣线和哈大线实施了第四次大提速，增开了特快列车，铁路客运服务能力和效率进一步提升。

2004年4月18日，

在京沪、京广、京哈、陇海四大干线实施第五次大提速，采用25T型客车，增开直达特快旅客列车。

2007年4月18日，在京哈、京沪、京广、陇海、沪昆、胶济、广深、京九、兰新等18条线路实施第六次大面积大提速。

经过六次大规模提速，我国时速120 km及以上线路延展里程达2.2万 km，其中时速160 km及以上的线路延展里程达1.4万 km，时速200 km及以上线路延展里程达6 000 km。

通过实施既有线提速战略，我国在高速列车基础理论、设计研发、试验验证等方面积累了宝贵经验，培养储备了一批高速铁路技术人才。这些为自主研发更先进的高速列车技术装备、大规模建设和发展中国高速铁路奠定了良好的基础。

## 第二节　高速铁路对经济社会的影响

中国高铁发展并非一蹴而就，而是经过了多年的刻苦攻坚过程。早在20世纪80年代初期，国内铁路专家就开始着手进行世界高铁技术资料收集整理翻译工作，并于1984年出版了《高速铁路》一书，成为中国高铁建设最早的参考资料之一。同样在20世纪80年代，铁路系统的有识之士深刻认识到高速铁路才是未来铁路交通的发展趋势，为此不懈努力，建成了包括中国首座“整车滚动振动试验台”在内的一批高速铁路试验设备。

1986年，秦沈客运专线启动技术方案研究，期间建设标准随着研究的深入不断优化，从普速到高速，从客货混运到最终确定修建客运专线，一直到2003年全线开通运营。这条设计时速250 km的线路是中国第一条时速超过200 km的客运专线，成为中国高铁技术发展的试验田，为后续大规模高铁建设积累了工程经验，制定了参考标准，奠定了技术基础。

1990年，铁道部向国务院报送《关于“八五”期间开展高速铁路技术攻关的报告》；同年12月，铁道部完成《京沪高速铁路线路方案构想报告》并提交全国人大会议讨论，标志着中国高速铁路的研究正式起步。

值此之际，国外高速铁路已走过了数十年的发展历程。以国外为参照，系统对比分析高速铁路的技术经济特点，以及高速铁路发展产生的经济社会效益，对于我国高速铁路建设发展决策具有重要的借鉴意义。

## 一、高速铁路的显著竞争优势

自1825年世界第一条铁路修建以来，铁路在很长一段历史时期是各国的运输骨干。从20世纪50年代开始，公路和航空运输迅速发展，铁路一度被称为“夕阳产业”。20世纪70年代后，由于能源危机、环境恶化、交通安全等问题，人们重新认识到铁路的价值，特别是高速铁路以其安全性能好、节能环保、运输能力大、全天候运行、高效快捷、舒适度高等竞争优势，适应了现代社会经济发展的新需求。

**一是安全性能好。**日本自1964年开通高速铁路以来，总体呈现非常好的安全性能，没有人身伤亡事故的纪录保持了30余年。1995年发生过一次人身伤亡事故。尽管发生了个别事故，但日本高铁系统安全性总体上还是很高的。世界其他国家和地区的高速铁路总体而言也都保持了较高安全性能。

**二是节能环保。**节能环保主要体现在节约能源、减少环境污染、节省土地等方面。节约能源方面，铁路独有的轮轨运行方式具有显著的节能效果，而高速列车通过采用“流线型”车头、使用新型材料等方式，进一步降低牵引能耗，与其他交通方式相比更具优势。法国的TGV单位能耗为人公里16克石油当量，飞机的平均单位能耗为人公里57克石油当量，是TGV的3.6倍。减小环境污染方面，高速铁路是环境友好型运输方式。根据德国铁路2000年度环境报告，德国公路和航空每公里人均$CO_2$排放量分别是高铁

的3.5倍和2.8倍。节省土地方面，按照各国公路、铁路的占地面积以及各自完成的客货运输周转量计算，完成每单位运输量，公路占地与铁路相比，日本是13.6倍，德国是6.6倍，法国是3.7倍。

**三是运输能力大。**对1998年东京—大阪间（515 km）的东海道新干线和民航运量市场份额进行比较，结果显示东海道新干线完成的客运量约占78%，而航空仅占约22%，可见在运营里程500 km左右，高铁运量远远大于民航运量。日本国土交通省统计数据显示，2000年度，东海道·山阳新干线完成客运量1.889亿人次，日均旅客发送量51.6万人次。

**四是全天候运行。**高速铁路几乎不受浓雾等天气因素的影响，基本可以实现24小时全天候运行；针对不同风速、雨量大小和持续时间、冰雪天气、地震等情况，高速铁路通常设置自然灾害监测系统、地震预警系统等，根据警报级别等对高速列车进行限速运行或停止运行，保障高速列车运行安全。

**五是高效快捷。**从1964年10月日本东海道新干线210 km/h开通运行，到1981年法国巴黎东南线的270 km/h，高速铁路以其速度快的优势具备了较强的竞争力。同时，高速铁路准点率更高。日本东海道新干线2007年度平均晚点时间仅为0.5分钟/列车，与其他运输方式相比，高速铁路准点率是十分高的。

**六是舒适度高。**舒适度是一种主观感受，受空间、噪声、振动等因素影响。随着高速铁路的快速发展，各高铁强国均致力于通过技术优化提高列车舒适度。高速列车二等座座椅间距、单个座椅宽度和过道宽度分别为980 mm、495 mm和550 mm，飞机经济舱的座椅间距、单个座椅宽度和过道宽度为810 mm、450 mm和500 mm左右，比较而言，动车组上乘客活动空间更大。噪声方面，根据英国标准局（RAE）和英国欧洲航空标准，飞机舱内的A计权声级在短时间内，可以允许达到100 dB，巡航时舱内噪声在80~85 dB，而高速列车客室内噪声不超过70 dB。此外，高速列车上不限制使用电子产品，且配有充电插座；不受气流颠簸影响，运行平稳；车窗大，视野好，等等，均有助于提升乘客的舒适度。

中国幅员辽阔，长期以来人口分布和区域经济发展相对不均衡，尤其是改革开放以来，经济飞速发展，人口流动日益频繁，普通铁路和航空运输已经难以满足迅速增加的中长距离交通需求。高速铁路速度快、运量大、安全性好、节能环保等技术经济特点和优势，完全符合我国经济社会发展和综合交通运输体系建设需求，发展高速铁路是适应我国国情的必然选择。

## 二、高速铁路的巨大社会效益

除了与其他交通方式相比具有诸多竞争优势外，高速铁路开通后产生的社会效益、经济效益，都是促进高速铁路快速发展的关键因素。

**一是节约旅行时间。**高速铁路最明显也最直观的附加效益就是节省旅行时间，使城市和地区之间的经济社会往来变得更加便利和紧密。日本东海道新干线开通前，东京—大阪旅行时间为7小时19分钟，开通后缩短至3小时10分钟，目前最快仅需2小时21分钟，一天即可实现往返两地，“日交流圈”延长到500多公里。据计算，东海道新干线自开通到1996年，累计节约的时间价值为1.7万亿日元。其他国家高速铁路也都具备类似特点，如法国TGV列车旅行时间只有传统列车的二分之一，2002年开通的德国科隆—法兰克福客运专线使两地旅行时间缩短48.1%等，都明

显加快了沿线人流、物流周转，扩大通达范围，创造了显著的时间效益。

**二是优化区域资源配置与空间布局。**高速铁路的开通运营对促进沿线人口和企业聚集，推动沿线区域经济发展产生了深远影响。20世纪90年代，随着法国北方线的开通运营，曾经一度经济衰落、居民大量失业的里尔成为巴黎—伦敦、布鲁塞尔—伦敦的“欧洲之星”列车的中间站，密切了同比利时、荷兰、英国的经济社会往来。里尔高铁车站附近新建了超过20万 $m^2$的商务、休闲和居住区，为来自欧洲其他国家和地区的旅客中转换乘提供服务，配套资源不断丰富，人口重新聚集，城市发展面貌焕然一新。日本新干线对沿线区域资源配置与空间格局的影响也十分显著，日本修建东海道和山阳新干线后，在京滨、中京、阪神、北九州等形成了沿太平洋伸展的新的“太平洋工业带”，据测算，1996年，日本新干线沿线人口增加到1975年的1.35倍，同期全国平均水平为1.13倍、非新干线沿线为1.07倍；新干线沿线企业数量增加到1975年的1.49倍，同期全国平均水平为1.2倍、非新干线沿线为1.15倍；新干线沿线城市的财政收入增加到1975年的2.5倍，同期全国平均水平2.19倍，非新干线沿线为1.9倍。

**三是推动旅游等产业发展。**高速铁路的建设运营，为旅游业和上下游产业发展提供了强大动能。日本新干线不仅仅是高速铁路，更是旅游黄金走廊：长野新干线通车后仅一年，轻井泽站的旅游观光客流量就同比大幅增长50%；2003年日本国土交通省数据也表明，秋田新干线开通后，东京—秋田沿线地区的游客数量较开通前增长127%；新干线沿线城市旅馆、酒店数量也显著增加。法国高速铁路发展也具备类似的带动作用，如1989年法国大西洋高铁开通后，带动了整个大西洋地区旅游业快速发展，其中以勒芒城商务旅游发展尤为迅速，在世界范围内吸引了更多国际商务会议群体。此外，高速铁路投资规模大，产业链长，其建设不仅可以增加钢材、水泥等基础建材的有效需求，还可以拉动冶金、机械、电力、信息、计算机、精密仪器等产业的快速发展。20世纪90年代，法国制造业增加值在国民生产总值GNP中的比重下降了2%，但铁路、航空、造船等运输装备制造业却以年均6%的增长率增长，其中高速铁路装备产业的升级与发展对此贡献显著。

在中国高速铁路大规模发端之前，对世界高速铁路技术经济优势的分析，为中国铁路逐步走出高速化道路提供了重要的依据。

## 第三节　早期国产动车组的研发成果

中国铁路通过较长时间的技术探索和积累，高速列车技术和性能不断提高，为复兴号中国标准动车组全面创新奠定了良好的基础。

### 一、国产动车组的技术探索

中国铁路对动车组技术的探索和电动车组研制，最早可以追溯到1979年，根据当时的铁道部科学技术发展规划，研究开发了140 km/h速度级动力分散式电动车组。此后，铁路科技人员先后研发了26款种类各异的动车组样车，牵引类别涵盖了内燃和电力，动力配置涵盖了动力集中和动力分散，速度等级涵盖了100、120、140、180和200 km/h等，这些国产动车组吸收了25型铁路客车的研发成果，同时也广泛借鉴了国外先进技术，其代表产品有："200 km/h电动旅客列车组（俗称大白鲨）""先锋号""蓝箭""中华之星""春城号""新曙光号""中原之星""长白山"等，部分动车组的轴重控制到了15.5 t。其中"大白鲨""先锋号""中华之星"是国家科研立项研发的产品，$KD_1$型电动车组、"蓝箭"是铁道部科研立项的产品，上述产品由铁道部组织全路技术专家开展了大量的科研工作；

其余动车组都是铁路局立项研发的成果。

### 1. KD1型电动车组

KD1型电动车组是中国第一代动力分散型电动车组，由长春客车厂、株洲电力机车研究所和铁道科学研究院[注]根据铁道部科学技术发展规划，于1979年开始研究设计，1988年完成样车。在动车组研发期间，先后开展了车辆动力学与牵引技术研究，采用了流线型车头、密接式车钩和橡胶风挡，大量采用玻璃钢及新型材料取代木材，以减轻重量并改善防火性能。动车组采用2动2拖动力配置，牵引功率1 200 kW，采用“交—直”流电传动，设计速度140 km/h，被列入“七五”期间铁道部重点科技攻关计划项目。

⊙ KD1型电动车组

该动车组首次尝试从结构性产品向功能性产品设计的转变，制造了复杂的三维流线型车头，突破了玻璃钢产品制造工艺，实现了产学研大联合。

### 2.“大白鲨”电动车组

“大白鲨”为动力集中型电动车组，最高运行速度200 km/h，是国家“九五”重点科技攻关计划项目。该动车组采用1动6拖动力配置，由1辆动力车、5辆单层拖车和1辆双层拖车

注：长春客车厂、株洲电力机车研究所和铁道科学研究院等称谓及其简称，由于重组改制等原因几经变化，为反映历史、叙述方便，此处不作统一。全书类同。

组成，列车总定员为436人；动力车采用“交—直”流电传动，牵引功率为4 000 kW，1999年9月在广深铁路正线上的最高试验速度达223.2 km/h。

⊙“大白鲨”电动车组

“大白鲨”电动车组采用了大量新技术，并且很多都是首次应用。采用带全封闭裙板的车体钢结构，第一次强调了密封技术在实际造车中的应用；拖车采用CW-200型无摇枕转向架；在空调机组两侧、双层客车与单层客车之间加设了导流罩，利用实际构件消除空气涡流的影响；在控制车上采用流线型前端头型，并分别对车体与前导转向架进行了配重；采用小间隙的密接式车钩，减小了列车的纵向冲动；采用可在车下两端操纵的制动缓解阀；动力车从接触网受流、集中供电。

### 3.“蓝箭”电动车组

“蓝箭”为动力集中型电动车组，采用1动6拖动力配置，牵引功率4 000 kW，采用“交—直—交”电传动，最高运行速度200 km/h，最高试验速度220 km/h，列车总定员为421/435人。1999~2001年，由株洲电力机车厂与长春客车厂联合研制，先后完成两批共8组样车并投入使用。

动车组采用鼓形车体断面等一系列的创新措施，进一步提高了国产动车组车辆的技术等级，如：通过加装车端阻尼装置，抑制车辆侧滚；调配控制车自重，改善车体与转向架间匹配关系；增设列车计算机控制网络等。

⊙“蓝箭”电动车组

“蓝箭”电动车组提高了国产高速动车组的设计制造水平，列车试验速度达到了235 km/h，在200 km/h的行车速度下，除控制车在尾部运行工况外，车辆的横向与垂向平稳性指标均在优良级范围内。

### 4.“先锋号”电动车组

“先锋号”为动力分散型电动车组，最高运行速度为200 km/h，是国家“九五”重点科技攻关计划项目。该动车组采用4动2拖动力配置，由两个2动1拖的牵引动力单元组成，列车牵引功率4 800 kW，采用“交—直—交”电传动，定员424人。

⊙“先锋号”电动车组

2001年10月26日~11月16日，“先锋号”电动车组在广深铁路进行了正线高速试验，速度达到249.6 km/h，创造了当时国内铁路列车最高试验速度纪录。2002年9月10日在秦沈客运专线进行测试，以292.8 km/h再次刷新了最高试验速度纪录。

“先锋号”电动车组采用微机控制直通电控模拟式制动系统和微机网络控制系统等先进技术，装有新型牵引变压器、IPM变流机组、异步牵引电机、无摇枕动力转向架和非动力转向架，采用电动气控塞拉门、真空集便器等装置。车体为整体承载全钢焊接梁筒形结构，车头采用流线型，全车安装带有监控功能的空调。

### 5.“中华之星”电动车组

2001年4月，铁道部正式下达了270 km/h高速列车设计任务书，由长客股份、四方股份、株洲电力机车厂和大同机车厂共同研制“中华之星”电动车组。

“中华之星”动车组采用2动9拖的动力配置，列车牵引功率9 600 kW，“交—直—交”电传动，定员726人，设计运行速度270 km/h，最高试验速度超过300 km/h。2002年11月下旬至2003年1月，“中华之星”电动车组在秦沈线上进行了正线综合性能试验，最高试验速度达321.5 km/h，是当时中国铁路最高试验速度。

“中华之星”电动车组主要技术创新：采用了当时最新和成熟的技术成果，如有效降低交会空气压力波的双拱流线型头型；水冷GTO牵引变流器；大功率1225 kW三相交流异步牵引电动机；符合IEC规范的WTB、MVB两级总线结构的列车网络控制系统；IGBT三相辅助变流装置；直流600 V列车供电系统；航空式座椅和个人液晶显示器，真空集便器装置等；较系统地开展了高速列车集成技术研究，编制了从整车到关键部件的系列技术条件，初步掌握了铝合金车体的设计制造技术，开发了270 km/h速度级转向架。

“大白鲨”“先锋号”“中华之星”电动车组的自主研发取得了很多有价值的收获：初步建立了动车组完整的研发流程，形成了比较规范的工艺流程；进行了诸如空气动力

⊙“中华之星”电动车组

学、轮轨关系与动力学、可靠性与轻量化、密封技术与气密强度、噪声传递等基础研究；初步掌握了高速动车组的设计制造技术，如三维流线型车头，应用了铝蜂窝等轻量化材料；初步建立了试验验证体系，按照台架试验、环铁试验、正线试验三级试验流程进行了整车及关键部件的型式试验，积累了大量的试验数据；补充完善了动车组的规范性标准和技术条件。

## 二、国产动车组积累的经验

据统计，1994年后，在铁道部牵头组织下，铁路系统研究开发了26种型号的动车组，共计67列，其中内燃动车组有18种型号47列，电力动车组有8种型号20列。在这67列动车组中，有46列在国内进行试验或交付运用，21列出口到伊朗和斯里兰卡。中国部分早期动车组样车简要统计见下表。

中国早期动车组样车一览表

| 动车组型号 | 设计速度（km/h） | 编组 | 定员（人） | 功率（kW） | 运用/试验线路 | 数量（列） | 制造年份 | 备注 |
|---|---|---|---|---|---|---|---|---|
| “庐山号”内燃动车组 | 120 | 2M2T | 540 | 1 320 | 南昌—九江 | 1 | 1998 | |
| 200 km/h电动旅客列车组（大白鲨） | 200 | 1M6T | 436 | 4 000 | 广州—深圳 | 1 | 1998 | “九五”国家重点科技攻关计项目 |
| “九江号”内燃动车组 | 100 | 2M4T | 450 | 2 000 | 南昌—九江<br>南昌—赣州 | 2 | 1998 | |
| “新曙光号”内燃动车组 | 180 | 2M9T | 1 140 | 5 520 | 上海—南京 | 1 | 1999 | |
| “春城号”电动车组 | 120 | 4M2T | — | 2 160 | 昆明—石林 | 1 | 1998 | |
| “蓝箭”电动车组 | 200 | 1M6T | 435 | 4 800 | 广州—深圳<br>成都—重庆 | 1（第一批）<br>7（第二批） | 1999 | |
| “先锋号”电动车组 | 250 | 4M2T | 424 | 4 800 | 广州—深圳 | 1 | 2001 | “九五”国家重点科技攻关计划项目 |
| “金轮号”内燃动车组 | 120 | 2M6T<br>2M8T | — | 2 740 | 兰州—西宁 | 各2 | 2000 | |
| “神舟号”内燃动车组 | 180 | 2M10T | — | 5 080 | 北京—天津 | 2 | 2001 | |
| “中华之星”电动车组 | 270 | 2M9T | 758 | 9 600 | 北京—沈阳 | 1 | 2002 | “十五”国家计委高新技术产业化项目 |
| “中原之星”电动车组 | 160 | 8M6T | 1 398 | 6 400 | 郑州—武昌 | 1 | 2002 | |
| “长白山”电动车组 | 200 | 6M3T | 666 | 6 360 | 沈阳—大连 | 1 | 2003 | |

“庐山号”

“新曙光号”

“春城号”

“金轮号”

“神舟号”

“中原之星”

“长白山”

⊙ 我国早期部分动车组

在早期国产动车组样车的开发研制过程中，国内动车组制造企业、科研院所和高校共同开展了大量的试验和相关研究工作，积累了丰富的试验数据和研究数据，包括各车型的车辆动力学性能仿真和密封性试验、滚振台架试验、正线试验、空气动力学三维数值分析、风洞试验、实车线路试验等。同时，集全路科研资源，共同完成了铁道部“九五”部级科研课题《高速动车组预研究》，编制出了系列高速动车组技术条件。

通过早期国产动车组的研发探索，到中国铁路建立完整的制造装配体系，中国铁路初步建立了高铁科研、技术开发、设计制造、试验验证的环境条件，积累了经验和数据，持续培养了大批科技人才，为推动后续200 km/h及以上速度级动车组引进消化吸收与再创新，以及复兴号高速列车全面创新，奠定了坚实的工业和技术基础。

中国铁路之所以能够在之后对引进的动车组技术进行消化吸收，最根本的还是几十年来，包括建国以来在机车车辆领域的长期积累，如果没有新中国成立以来中国铁路人在技术、人才、经验等方面所建立的坚实基础，无论是国外技术的消化吸收，还是复兴号的自主创新，都是不可能完成的。

## 第四节　和谐号发挥承上启下的作用

中国铁路在坚持自主创新的同时，通过引进消化吸收国外先进高铁技术，形成了和谐号系列动车组，它们在中国高铁发展历程中发挥了承上启下的重要作用，也是中国铁路研发实力的集中展示。

### 一、国外动车组技术引进

2004年4月1日，国务院召开会议，专题研究铁路机车车辆装备有关问题，形成《研究铁路机车车辆装备有关问题的会议纪要》，明确了“引进先进技术、联合设计生产、打造中国品牌”的总体要求和“先进、成熟、经济、适用、可靠”的技术方针。2004年7月29日，国家发改委与铁道部联合印发《时速200公里动车组引进与国产化实施方案》，根据国务院批准的《铁路中长期发展规划》总体要求，铁道部全面组织实施了时速200 km及以上动车组技术引进、消化吸收和再创新工作。

铁道部以四方股份、长客股份、青岛四方庞巴迪鲍尔铁路运输设备有限公司（BSP公司）、唐山客车公司为主体，分别成功引进川崎重工、阿尔斯通、庞巴迪、西门子的动车组先进技术，初步掌握了动车组的基本设计、制造、检验技术，

⊙ 日本E2 1000系动车组

⊙ 庞巴迪 Regina 2008型动车组

⊙ 阿尔斯通SM3动车组

⊙ 西门子 Velaro-E 动车组

搭建了CRH1、CRH2、CRH3和CRH5四个动车组技术平台。

2006年7月31日，首列国产化、运营时速200 km的电动车组CRH1下线。2006年9月，在胶济线以及第六次大提速既有线改造区段，铁路部门组织了多次全线拉通试验和提速平推试验，开展和谐号动车组试运行。2007年2月，和谐号动车组以160 km/h的运营速度投入春运。

在此基础上，相继研发了时速250 km速度级长编组座车/卧铺动车组、时速300 km动车组，并进行了一系列线路试验。2008年4月，在国内生产的首列时速300 km动车组成功下线，在北京奥运会召开前正式投入京津城际铁路运营。国内动车组企业初步具备了新型动车组的研发制造条件。

中国铁道科学研究院、株洲电力机车研究所和南车电机等企业，也引进了动车组牵引控制系统、牵引和辅助变流器、牵引电机等关键技术部件。

2008年2月，为满足高速铁路运营需求，全面支撑中国高速列车技术自主创新的国家重大战略需求，科技部和铁道部共同制定了《中国高速列车自主创新联合行动计划》，明确了中国高速列车自主创新的原则、目标、重点任务等。2008年12月，科技部和铁道部上报了《“十一五”国家科技支撑计划“中国高速列车关键技术研究及装备研制”项目建议书》，明确了新一代高速列车的速度目标是持续运营时速达到350 km。2010年1月，科技部和铁道部组织中国铁道科学研究院等11所科研院所、西南交通大学等国内25所重点高校以及51家国家级实验室和工程技术研究中心进行时速350 km以上高速列车技术创新及产业化研究，成功实施时速350 km动车组项目，由四方股份、长客股份、唐车公司和青岛四方庞巴迪（BST）公司设计制造了CRH380系列高速动车组。

## 二、和谐号四大技术平台

和谐号系列动车组在总体集成、不锈钢/铝合金轻量化车体、无摇枕高速转向架、大功率“交—直—交”牵引传动与控制、微机控制复合制动和列车网络控制等方面，体现了当时铁路机车车辆制造业的先进成果。

中国铁路引进研发的和谐号动车组包括CRH1、CRH2、CRH3、CRH5等四种类型，构建了四大技术平台。

### 1. CRH1型动车组技术平台

CRH1型动车组技术平台由青岛四方庞巴迪铁路运输设备有限公司（BST）研制生产，目前共有CRH1A、CRH1A-A、CRH1B、CRH1E、CRH380D 型号。

CRH1A型动车组由庞巴迪公司主导设计，其原型车是庞巴迪运输为瑞典国铁（SJ）设计的Regina 型电力动车组，采用不锈钢车体，8辆编组，5动3拖动力配置，最高运行速度200 km/h或250 km/h（不同批次）。CRH1A-A型动车组在CRH1A基础上进行了改进，列车最高运行速度250 km/h，采用铝合金车体减轻重量并改善列车气密性，设计流线型新头型降低气动阻力，优化转向架悬挂参数提高稳定性，同时对部分列车设备进行重新布置，主要是4号和5号车厢的座席布置。由于CRH1A型动车组与CRH1A-A型动车组列车控制系统（TCMS）的差异，两种车型不能

⊙ CRH1型动车组技术平台型号

CRH1A型动车组

CRH1A-A型动车组

CRH1B型动车组

CRH1E型动车组

CRH380D型动车组

重联运行。

CRH1B、CRH1E型动车组是在CRH1A基础上扩编至16辆编组的座车/卧铺动车组，采用10动6拖动力配置。2009年制造的CRH1E动车组相比CRH1A采用了新头型设计，部分CRH1B型动车组按CRH1E型动车组头型制造；2015年新增的新型CRH1E卧铺动车组采用了铝合金车体，与CRH1A-A头型相同，并对车内布置进行了重新设计。

CRH380D是由青岛四方庞巴迪铁路运输设备有限公司（BST）和庞巴迪公司基于ZEFIRO380平台研发的高速动车组，采用4动4拖动力配置，可重联增至16辆，最高运行速度350 km/h。CRH380D车体采用通长的铝合金型材，车内振动小，噪声低，温度、湿度可自动调节，总定员为556人。

### 2. CRH2型动车组技术平台

CRH2型动车组技术平台是由南车青岛四方机车车辆股份有限公司消化吸收日本E2-1000系动车组技术研制生产的，包括CRH2A、CRH2B、CRH2E、CRH2G、CRH2C、CRH380A、CRH380AL型动车组，以及CRH6A、CRH6F型城际动车组等型号。

CRH2A型动车组时速200～250 km，8辆编组，采用4动4拖动力配置，技术指标与原型车相同。2013年，根据中国铁路总公司[注]要求，在CRH2A基础上对车型、定员、旅客服务、司机操作等方面进行了变更，如取消一等包厢、取消司机专用车门改设玻璃等，最终形成统型CRH2A动车组。

CRH2B、CRH2E型动车组是在CRH2A基础上扩编至16辆编组的座车/卧铺动车组，并加装了半主动减振器、车端耦合减振器（车端阻尼器）、头车两侧车灯，对空调通风系统也进行了改进。

注：2019年6月18日，经国务院批准同意，中国铁路总公司改制成立中国国家铁路集团有限公司。为叙述方便，此处中国铁路总公司前不加“原”，全书同。

CRH2A型动车组

CRH2A统型动车组

CRH2C型动车组

CRH380A型动车组

CRH2G型动车组

CRH6A型动车组

⊙ CRH2型动车组技术平台型号

CRH2C型动车组在CRH2A基础上通过技术升级提升为时速300～350 km，共分为两个阶段。CRH2C第一阶段动车组在CRH2A的基础上进行了调整，如动力配置由4动4拖调整为6动2拖、转向架悬挂参数进行了优化等。CRH2C第二阶段动车组在第一阶段的基础上进行重新研制，采用365 kW电机，降低传动比，增大IGBT元件的额定电流等级。

CRH380A是“中国高速列车自主创新联合行动计划”的重点项目，是在CRH2C基础上自主研制的高速动车组，编组为6动2拖，采用了通长铝合金型材的车体和低气动阻力的流线型车头。

CRH380AL为CRH380A的长编组形式，采用14动2拖动力配置。CRH380A/AL动车组最高运行速度350 km/h，定员分别为556人和1 061人。

除上述动车组外，四方股份还自主研制了CRH2G型高寒动车组，以及CRH6A和CRH6F型城际动车组。CRH2G型动车组可在-40℃~+40℃极端气候条件下正常运营，最高运行速度250 km/h，转向架采用高寒适应性设计，车下设备舱采用密封结构，空调系统采用防风沙和空气过滤设计等；CRH6A型城际动车组最高运行速度200 km/h，CRH6F型城际动车组最高运行速度160 km/h。

### 3. CRH3动车组技术平台

CRH3型动车组技术平台是由唐山轨道客车有限责任公司和长春轨道客车股份有限公司消化吸收西门子Velaro-E动车组技术而研制生产的，目前共包括CRH3C、CRH380B、CRH380BG、CRH380BL、CRH380CL型动车组及CRH3A、CJ2型城际动车组等型号。

CRH3C型动车组最高运行速度350 km/h，8辆编组，采用4动4拖动力配置，由唐车公司生产。

CRH380BL型动车组是在CRH3C基础上通过再创新设计制造的新一代高速动车组，由唐车公司和长客股份合作研制并生产。与CRH3C相比，CRH380BL型动车组为16辆编组，采用8动8拖动力配置，最高运行速度350 km/h，通过提升牵引功率、降低传动比、气动外形减阻等方式优化了列车性能，通过车厢降噪、加强车内气压控制提高了列车舒适度等。

CRH3C型动车组

CRH380B型动车组

CRH380CL型动车组

CRH380BG高寒动车组

CRH3A型动车组

CJ2型动车组

⊙ CRH3型动车组技术平台型号

CRH380B和CRH380BG型以CRH380BL型动车组为基础，各系统结构及功能基本保持不变。CRH380B型动车组为CRH380BL的短编型式；CRH380BG型动车组为高寒型，针对哈大客专的高寒运用环境进行了适应性优化，在材料低温特性、密封防雪及防结冰、空调采暖、水系统防冰、转向架系统低温适应性等方面进行了改进，可适应-40℃~+40℃环境要求。

CRH380CL型动车组是由长客股份在CRH3C和CRH-380BL型动车组基础上研发的高速动车组，采用了新头型以降低列车高速运行时的气动阻力，采用基于日立技术的牵引及网络控制系统，最高运行速度350 km/h，16辆编组。

除上述动车组外，长客股份和唐山公司还研制了CRH3A、CJ2型城际动车组，最高运行速度250 km/h，8辆编组，采用4动4拖动力配置。

### 4. CRH5动车组技术平台

CRH5型动车组技术平台是由长春轨道客车股份有限公司消化吸收阿尔斯通SM3型动车组而研制生产的，目前共有CRH5A、CRH5G、CRH5E等型号。CRH5A型动车组时速200~250 km，8辆编组，采用5动3拖动力配置方式，铝合金车体，车体最大宽度和高度分别为3 200 mm和4 270 mm，轴重17 t，新轮轮径890 mm，磨耗轮径810 mm，轮周牵引总功率5 500 kW，单电机额定功率564 kW。最初有4种定员，分别为622人，586人，546人和570人，后来经过统一改造，取消包间，定员统一为622人和586人两种。

CRH5G型动车组在CRH5A动车组基础上，主要系统的设计原理、主体结构和主要技术参数保持不变，根据兰新、哈大等典型高寒风沙地区的运用条件，从系统匹配、结构设计、材料选择等方面进行了优化设计，在动车组定员、平面布置、旅客界面、司机操作界面、运用界面等方面进行了改进。

CRH5E型动车组是在CRH5A型基础上扩编至16辆编组的卧铺动车组。

在这几种车型中，青岛四方庞巴迪（BST）研制生产

CRH5A动车组

CRH5G动车组

⊙ CRH5型动车组技术平台型号

的动车组是在2001年由铁道部组织引进的，早于后期大规模引进。

### 三、和谐号的主要收获

中国铁路通过技术引进以及和谐号系列动车组的研制，取得了以下几个方面成果：

第一，经过技术引进、消化、吸收和再创新，中国掌握了高速动车组的总成、车体、转向架、牵引变流器、牵引控制、牵引变压器、牵引电机、列车网络控制和制动系统等动车组部分核心技术，以及大量的配套技术。运用这些技术生产的时速200 km及以上动车组的国产化率达到

70%以上。通过引进消化吸收再创新，建立起中国高铁制造工艺标准和技术体系。

第二，加快了中国机车车辆制造工业现代化步伐。国内共有十多家机车车辆重点制造企业和几百家外围企业实现了机车车辆制造水平的跨越，增强了市场竞争力，有力推动了中国相关工业的发展壮大，形成了中国铁路高速动车组制造产业群。实现了从产品层面到基础理论层面的提升，锻炼了人才队伍，提高了设计水平。

第三，再创新工作取得重要进展。在充分消化既有技术的基础上，机车车辆制造企业逐步推进了长编组动车组、卧铺动车组、适应高寒环境的动车组等再创新工作，同时在引进技术平台基础上，针对中国高铁长距离、大运量、高密度的运输需求，成功研制出CRH380系列高速列车。和谐号动车组自2007年投入运营以来，总体运行安全、平稳、有序，积累了大量经验。

# 第二章 中国高速动车组的自主化研究

ZHONGGUO GAOSU DONGCHEZU DE ZIZHUHUA YANJIU

中国标准动车组的研制是在党的十八大以后全面启动的，是落实习近平总书记“创新是引领发展的第一动力”指示精神，动员铁路全行业力量产学研用相结合，通过团结协作，拼搏奋斗取得的重大成果。中国标准动车组的研制经历了多个过程。

# 第一节　中国标准动车组的研发背景

## 一、研发的必要性

从全球工业变革层面来看——21世纪最初10年，在工业4.0浪潮下，高端装备制造业风起云涌，世界各国都特别关注。2008年爆发的全球金融危机，也让欧美等发达国家重新审视过去“重资本、轻实体”的经济发展模式，实体经济再次被重视起来，这些国家提出了“再工业化、低碳经济、下一代新能源、智慧地球”等发展路线，瞄准高端制造领域和新兴产业，谋求塑造新的竞争优势，对中国高端装备的未来发展形成激烈竞争。

高端装备制造业是以高新技术为引领、决定着整个产业链综合竞争力的战略性新兴产业，处于价值链高端和产业链核心环节，是现代产业体系的脊梁，是推动工业转型升级的引擎。大力培育和发展高端装备制造业，是提升中国产业核心竞争力的必然要求，是抢占未来经济和科技发展制高点的战略选择，对于中国加快转变经济发展方式、实现由制造业大国向强国转变具有重要战略意义。

高端装备制造业对国计民生有重要的影响，高速铁路技术装备是典型的大国重器，高速列车是其中具有代表性的关键装备，必须牢牢掌握在自己手中，全面自主化势在必行。

从国内高铁运营层面来看——中国高速铁路技术经过长期积累和近年来引进消化吸收再创新，取得了一批创新成果，特别是在不同地质、气候环境下大规模建设高速铁路的经验，使中国高速铁路建设技术达到了世界领先水平。但作为高速铁路核心技术的高速动车组依然存在着关键技术未完全掌握、国外技术平台不完全适应国内运用需求等问题，成为中国高速铁路技术发展和“走出去”的短板。CRH1、CRH2、CRH3和CRH5动车组技术分别来自不同的国家，这些基于国外技术平台的动车组各具特点，但都存在着不适应中国铁路发展的技术问题，由于引进时的制约，在引进的平台上，一些关键核心技术仍由外方技术总负责，所有的引进技术合同，都对中方基于引进平台发展的动车组在走出去时设定了严格的限制条件，这些情况严重制约了中国高速动车组的发展。归纳起来，主要表现在以下四个方面：

一是和谐号动车组是在国外技术平台上发展起来的，技术上还受制于人。中国引进了国外4个不同公司的动车组

⊙ 动车组制造车间

技术平台，总成、铝合金车体、转向架、牵引变压器、牵引变流器、牵引电机、牵引控制、列车网络控制、制动系统等九大关键技术的一些技术装备系统受到外方制约，特别是最为核心的牵引控制系统、制动控制系统、列车网络控制系统均由外方主导，对外国供应商依赖度仍旧较高，一些基础协议不透明，存在隐患。一些关键软件的修改，仍由外方技术总负责。例如，曾经出现过和谐号动车组因跨线运行原因，需要通过调整网流参数以适应不同线路接触网，中方技术人员虽知道应修改哪些技术参数，但是不具有动车组软件的修改权限，只能为此逐级向国外供货商总部申请，最终由国外有权限修改代码的专家提供补丁软件才能解决，中方技术人员只能被动等待。

二是引进不同国外公司技术平台制造的动车组标准不统一，增大了运用维修成本。由于国外动车组平台的差异，使得中国当时使用的不同型号动车组在旅客界面、操作界面、运用界面及维修界面上差异较大。不同型号的和谐号动车组、甚至同一型号不同批次的动车组都不能够实现重联运营，给运用部门带来了很多不便，降低了运用效率。比如定员不统一，同为8辆编组动车组，CRH1A型有668人、611人、596人、631人、635人等5种，CRH2A有610人、588人、584人、571人等4种，CRH3C为556人，CRH5A有622人、586人、570人、546人等4种，影响列车相互备用；司机操纵台不统一，影响司机驾驶，CRH1、CRH5为单手柄模式，CRH2为双手柄， CRH3设置3个手柄；车体宽度不统一，CRH1为3 328 mm，CRH2为3 380 mm，CRH3为3 257 mm，CRH5为3 200 mm，站台必须按最大宽度车体设计，为保证安全，列车或站台需增加不同形态的间隙补偿器；列车车钩不统一，钩高有880 mm、1 000 mm，车钩型式有欧式10号钩、柴田钩，影响相互联挂、救援，

⊙ 和谐号动车组维修用架车机

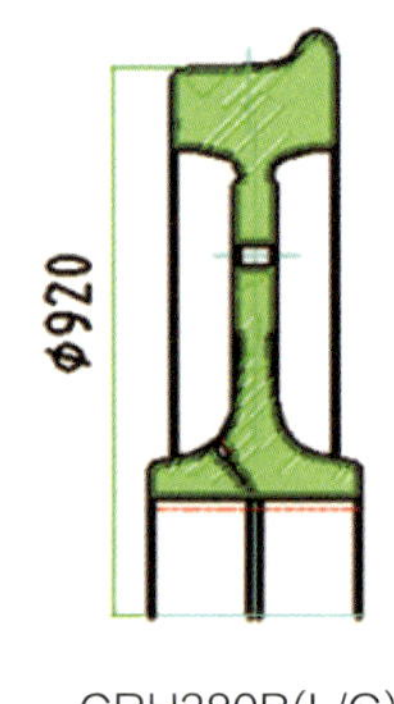


CRH380B(L/G)
CRH380D

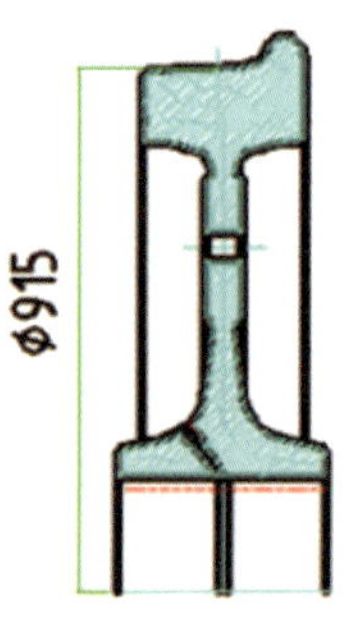


CRH1

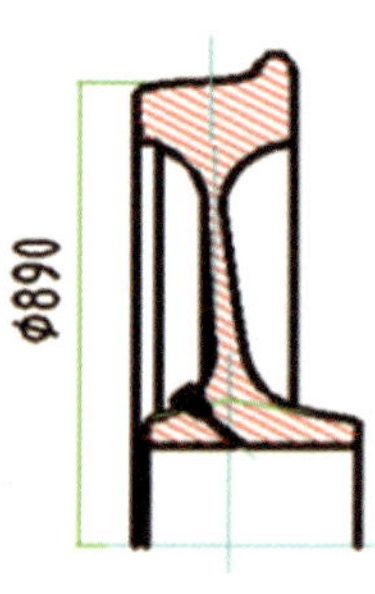


CRH5

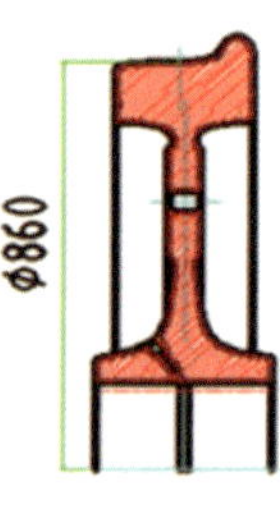


CRH2
CRH380A(L)

⊙ 和谐号不同直径车轮一览（单位：mm）

CRH1A/1B/1E制动闸片

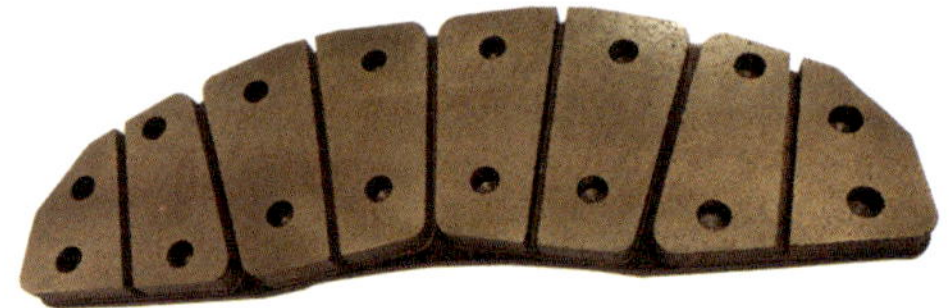

CRH2A/2B/2E制动闸片

CRH5A 制动闸片

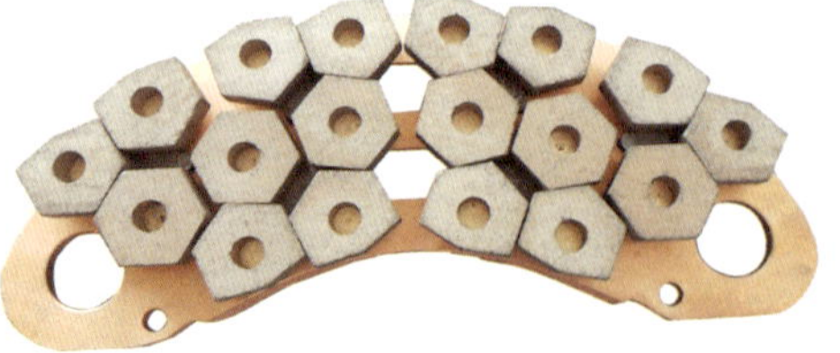

CRH380系列制动闸片

⊙ 和谐号不同制动闸片

欧式10号钩

日式柴田钩

⊙和谐号动不同型式的车钩

等等。由于各型动车组结构差异大、部件种类繁多，加大了日常运用维护的难度，降低了维修效率，增加了维修成本。

三是中国动车组运用环境与国外差异较大。很多国外动车组设备在本国运用良好，但到了中国就“水土不服”。与欧洲、日本不同，中国动车组普遍一次出行乘运距离较远、时间较长（北京—昆明2 700 km，最短运行时间接近11个小时，国外一般300~500 km，3小时左右）。由于中国地质、气候环境复杂，动车组要能够在高寒、高温、风沙、高海拔等不同条件下安全运行。另外，中国高速铁路路网规模大、覆盖地域辽阔、区域社会经济发展极不平衡、客运需求层次丰富，存在既有线提速、跨区域高速、区域快速和城际快速铁路等不同速度级客运专线，它们的运营和需求条件不尽相同，需要采取不同的运营模式和列车装备进行配套。

四是由于技术平台是外方的，受技术转让合同限制，高铁“走出去”受到制约。根据动车组技术转让协议，中方仅拥有转让动车组技术在中国境内的使用权，在境外使用时需得到外方认可，这就限制了我国动车组出口。同时，我国既有和谐号动车组研制、改进是在外方技术框架下进行的。一些从国外引进的技术和装备自身并不成熟，外方利用我国的运营实践来积累经验，完善其技术体系，弥补其技术缺陷。从某种意义上讲，我们给外方充当了免费试验田，虽然提供了试验条件、贡献了很多技术改进，但是核心技术知识产权仍属于外方，更不可能走出去。实际上在引进消化吸收过程中，外方始终认为中国的和谐号动车组就是其原型车的一个变种。CRH3型车平台来自西门子Velaro，在西门子序列里中国CRH3型为Velaro CN，给俄罗斯的叫Velaro RUS，德铁使用的叫Velaro-D，在其各种宣传展览中中国CRH3型的运用业绩均为其Velaro业绩的一部分。其他引进动车组均有类似情况。经过分析，铁路部门认为，虽然前期经过引进消化吸收以后，动车组绝大多数产品已经在中国落地生产，实现了国产化，有的也实现了再创新，但一些核心技术仍是由外方控制，运用上仍依赖外方。

2011年“7·23”事故发生后，铁道部对动车组运用进行重大调整时，一些参数修改还需要外方主导，这在很大程度上提醒大家，关键核心技术必须坚持由中方企业掌握的自主化创新，只有这样才能牢牢掌握核心技术，才能拥有运用的主动权，发展的主导权。

因此，从中国铁路运输需求出发，我国高铁迫切需要采用以需求为导向的技术路线，针对未掌握的关键技术，以全面拥有核心技术和源代码、实现自主知识产权为目标，研制自主化的动车组技术平台，并形成批量生产制造能力。

## 二、研发的基础条件

我国机车车辆工业通过长期自主开发积累了较强的技术能力，到2012年中国标准动车组研发前夕，中国在高铁技术领域有了较深厚的技术积累和外部支持，主要包括以

下几个方面：

### 1. 国家政策支持

国家主管部门一直高度重视并支持中国高铁的发展。2012年8月，在国务院下发的《国务院关于改革铁路投融资体制加快推进铁路建设的意见》中，对铁路发展六大问题作出了具体规定。其中第五条要求“力争客运年均增长10%以上”。根据经验，客运增长主要来自动车组运量的提高，这就要求铁路扩大再生产，提高动车组的运用效率。按照规划，高速铁路的发展将是长期的、快速的，对高速动车组的需求仍将是持续的，这就为中国标准动车组提供了广阔的市场前景。

### 2. 装备技术积累基础

几十年以来，中国铁路机车车辆装备产业在制造能力、工艺水平、管理水平、人才培养和实验室平台建设方面都有了长足的进步，使得我国有能力研发自主化的新型动车组。

2012年，国内几大动车组主机厂和承担子系统、部件研制的企业，已陆续完成了动车组基础制动装置、列车网络控制系统、牵引和辅助供电系统、车钩、空气弹簧、车门以及齿轮箱等国产替代部件的设计制造和地面试验验证工作。对轻量化铝合金车体、高速转向架、牵引制动系统、网络控制系统等高速相关技术有了更加深刻的理解，获得了大量高速运用核心数据，积累了深入创新的宝贵经验。

### 3. 创新模式和人才基础

经过多年的发展，中国铁路机车车辆装备行业形成了“用、产、学、研”紧密结合的协同创新模式，搭建了一系列协同仿真平台、综合试验平台、先进制造平台，形成了完整可靠的制造体系和完善的科技研发体系，锤炼了一支高层次的人才队伍，包括院士、教授及教授级高级工

⊙ 机车车辆滚动试验台

⊙ 铁科院环行铁道试验基地

⊙ 弓网关系实验室

⊙ 车体及部件气密性试验台

程师、研究员等领军人物数千人，以及数万名工程技术人员，建立了多行业、多学科的联合研发创新团队。

4. 丰富的运营经验基础

截至2012年底，我国已形成了涵盖不同速度级、编组和车种的和谐号系列高速动车组，共计投入运用816列（合1076标准组），累计总走行里程11.6亿公里，成为全世界动车组数量最多、运行里程最长的国家，积累了丰富的运用经验和数据。

5. 充沛的试验条件

几十年来，我国建成了许多重要试验设施，1958年在

⊙ 高速动车组1:1制动动力试验台

⊙ 动车组制动系统试验台

⊙ 交流传动系统试验台

北京建成的环行铁道试验基地，是世界规模最大的综合试验基地之一；1992年在成都建成的机车车辆滚动试验台，是继德国之后世界第二个同类型试验装置；此外，各企业也建有大量的实验室。更值得一提的是，大规模高速铁路建设使得我国拥有了世界上最大的高速铁路网络，里程最长、场景最丰富。这些试验设施和线路资源，为我国新型机车车辆的研制创造了充沛的试验条件，可以满足从部件到整车，从实验室试验、型式试验到科学试验、运用考核等各种试验验证的需要。

## 第二节 中国标准动车组研发前期准备和平行工作

高速动车组是高度复杂、对安全性要求极高的机电一体化产品，是高速铁路技术体系的核心，它包含九大关键技术和十项配套技术（受电弓、辅助供电系统、车钩缓冲装置、风挡、空调系统、车辆装饰、卫生集便系统、车门、车窗、座椅），涵盖了机械、冶金、材料、电力电子、化工、信息控制、计算机、精密仪器等众多技术领域，是国家相关技术水平、制造能力、自主创新能力以及国家核心竞争能力的综合体现。

高速动车组研发工作的参与单位众多、产业链长，是极其复杂的系统工程。为此，铁路部门进行了统筹策划，开展了自主替代研究、试验方案前期研究以及发改委项目申请等各项平行工作，为中国标准动车组研发创造了良好条件。

### 一、和谐号关键技术自主替代

中国标准动车组必须确保列车和乘客的安全，这就需要继承成熟可靠技术，遵循科学严谨程序，系统策划、充分论证。针对一些关键技术，要充分利用现有和谐号的平

台，先期组织试验研究，对于一些特别的部件，如车轮车轴，要先期在综合检测车上进行必要的试验，之后才能在新研发的高速列车上进行试用。

在中国标准动车组全面投入研制之前，为打破动车组部分核心系统或关键部件的独家垄断，突破动车组的关键部件核心技术，由铁道部科技司、运输局车辆部组织开展了第一步工作——对和谐号动车组关键技术进行自主替代研究。

2012年6月，铁道部组织南车、北车集团开展《动车组关键技术自主创新深化研究》，以CRH2、CRH3和CRH5型车为研究对象，结合动车组九大关键技术和十项配套技术，对和谐号动车组逐个检查筛选国内能够实现自主化的部件和技术，以及制约中国高铁发展的技术瓶颈，找出技术弱项，通过自主化对等替代，有针对性地加以解决，以提高关键子系统和重要零部件的自主化程度。

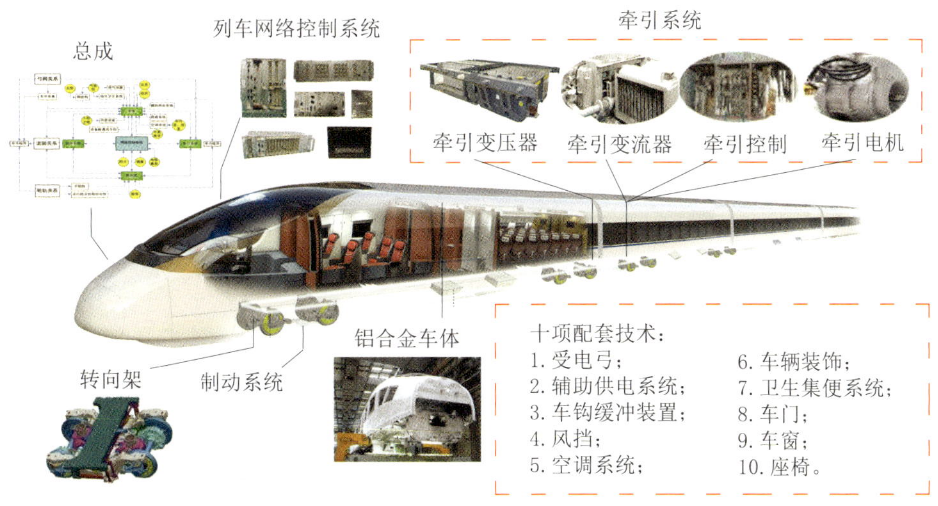


⊙高速列车的九大关键技术和十大配套技术

开展自主替代研究要完成下述主要任务：

第一，对尚未实现自主化的动车组关键子系统和部件进行深化研究，掌握核心技术，消除对外方的依赖，打破独家垄断，在动车组技术质量标准、技术体系、功能和性能不变的前提下，实现动车组关键部件的自主替代，形成自主知识产权。

第二，针对动车组关键系统、部件、材料技术进行自主创新深化研究，通过自主研发，实现对等替换，满足制造、运用检修需求，降低运用维护成本。

按照《动车组关键技术自主创新深化研究》课题规划，依托既有动车组和部分新造动车组，科研人员逐步在牵引、制动、网络、车轮、车轴等50多种大部件和系统上进行互换替代研发，并进行试用考核，实现动车组关键系统和部件的自主化，为中国标准动车组的研发做了重要技术积累。

## 二、综合试验方案前期研究

为确保中国标准动车组研制成功、打造精品高速列车，需要在列车正式运营前开展综合试验，对动车组进行全面的试验验证、优化对比和运用考核，为后续批量产品设计改进提供指导。

**从试验模式方面考虑。**一般新型动车组的试验验证工作通常是利用新建高铁线路在联调联试阶段进行，但这种模式存在一定局限性，试验场地和试验时间通常受限。利用既有高速铁路运营线路开展试验也不太可行，因为线路运输繁忙，新技术、新装备试验及试用对于运输生产影响较大，且存在安全风险等因素。时速 350 km中国标准动车组是全新的产品，按规定要开展60万 km运用考核，试验场景复杂，对试验线路占用时间长，且应尽量减少其他作业对试验的干扰，因此需要专门设置综合试验段，以确保试验安全和高效。

早在2012年，铁道部就开始为中国标准动车组的研发谋划试验场地。通过比选论证，综合考虑大西客运专线进度及试验要求，决定将大西客专太原—原平区间作为高速综合试验段。

**从选择线路方面考虑。**当时，大西客专北段原平西—太原北区间，原平西至北同蒲岗上线路所的联络线全长约18 km，初步设计尚未批复，从批复、开工到建成约需2～3年的时间；歇子寨大桥—太原线路全长16 km，因城市建设原因无法接通太原，太原至原平西间形成了一段待连通区段。原平西至大同没有拉通前，太原至原平西间暂时没有大的运输需求。因此，从对运营和安全两方面考虑，选择大西客专北段作为高速综合试验线路较为适宜。

**从试验条件方面考虑。**大西客专高速综合试验段起自原平西站，终至歇子寨大桥台尾，正线长度86.666 km，最小曲线半径为4 000 m，最大坡度30‰，最初设计时速250 km。为满足高速综合试验的需求，2013年以后，中国铁路总公司组织对线路工程和配套工程进行了变更设计，对通信、信号、轨道结构和刚度、灾害监测、地震预警、接触网张力和跨距、牵引供电设备、声屏障、隔音板等工程进行改造，对7 000 m半径曲线地段的超高进行调整，修建满足一级修条件的动车组简易检修设施，使试验段具备了时速350 km试验的条件。试验段设原平西、忻州西、阳曲西站3站。综合试验段正线特大桥12座，大中桥21座，最长的桥梁为柴家庄北云中河特大桥，全长13.661 km。综合试验段内隧道7座，累计长度20.827 km，隧道、桥梁占线路全长的约80%。全线铺设CRTS Ⅰ双块式无砟轨道。采用电力牵引，AT供电方式，接触网采用全补偿弹性链形悬挂，设置牵引变电所2处，分区所4处。通信系统采用GSM-R系统，列车运行方式为自动控制，行车指挥方式为综合调度集中

（CTC）。试验区段的基础条件满足高速综合试验的相关要求。

综合考虑，选取大西客运专线原平西至太原北作为高速综合试验区段线路长短适中，对试验段通信、信号、接触网、基础设施等相关工程进行调整和改造后，可满足最高试验速度385 km/h的需求；线路开通时间与综合试验时间安排较为契合；地理位置便于试验的组织与实施。

2013年7月25日，中国铁路总公司发布《关于组织开展高速、重载综合试验的通知》，决定选择大西客专原平西—太原北间建立高速综合试验段，为自主研发的新技术、新装备开展试验和试用搭建试验环境，提供试验条件。后续，依托国家发改委中国标准高速动车组及高铁关键装备研发试验工程项目，围绕中国标准高速动车组及关键技术装备研制、大西高速综合试验段工程改造及试验配套、大西高速综合试验段科学试验与测试三方面开展工作，对综合试验段进行同步改造，为实施大西高速综合试验提供了重要支撑。

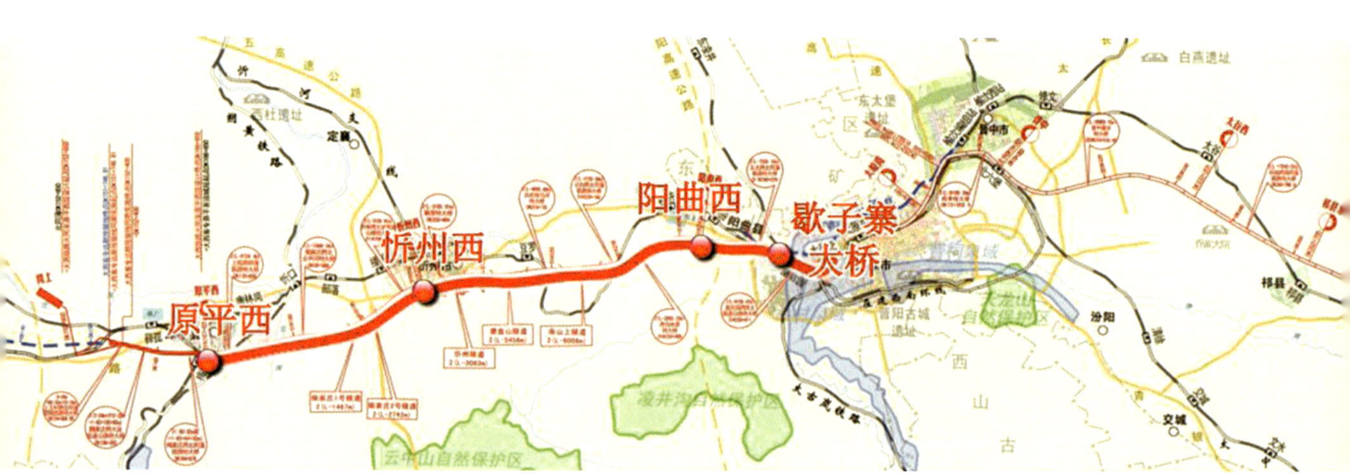


⊙ 大西客专高速综合试验段示意图

## 三、国家发改委项目申请

中国标准动车组的研发得到了国家发改委的大力支持，被确定为“十二五”国家战略性新兴产业示范工程项目。

2013年12月，中国铁路总公司牵头，联合铁科院、南北车集团、西南交大、北京交大、中科院力学所、大西客专公司、太原铁路局等20多家单位，启动申报建设中国标准高速动车组及高铁关键装备研发试验工程项目，委托原铁道第三勘察设计集团有限公司（现中国铁路设计集团有限公司）编制完成《中国标准高速动车组及高铁关键装备研发试验工程建设项目可行性研究报告》。

2014年3月，国家发改委委托中国国际工程咨询公司对可行性研究报告进行评估。2014年6月，国家发改委批复可研报告，工程项目获批立项，实施地点为大西客专太原至原平西综合试验段，实施周期为三年。

## 第三节 中国标准动车组研发工作方案

中国标准动车组于2012年底全面启动。中国标准动车组研发是一个庞大的系统性工程，是落实以习近平同志为核心的党中央创新驱动发展战略的具体行动，是加快铁路“走出去”的迫切需要，既要满足中国铁路现代化的内在需求，又要确保中国铁路移动装备技术创新能力和产品水平处于世界先进行列。为此，铁道部组织确定了详尽的工作方案，对研发原则、研发目标、研发计划、研发团队组建等进行了明确规定。

### 一、明确研发目标

中国铁路总公司对中国标准动车组的要求是：“坚持自主创新，遵循安全、经济、智能、舒适、绿色等设计原则，以市场为导向，全面提高自主化水平，构建和完善中国动车组技术标准体系，研制具有完全自主知识产权的标准化、系列化、简统化动车组产品，力求达到国际先进水平，满足未来发展需求。”具体研制目标有：

**实现自主化。**研制中国标准动车组的核心目标之一是实现自主化，也就是要掌握动车组技术的主导权。中国标准动车组的自主化目标是：

坚持需求导向，通过产学研用结合，掌控核心技术，

软件完全自主，硬件原则自主，运用不受外方技术限制。

实现核心技术自主化，拥有自主知识产权，形成中国标准动车组品牌。中国标准动车组要全面实施知识产权保护和专利风险防控工作，做到在走出去时不存在知识产权纠纷。

要坚持不懈地推进中国标准，标准是技术的重要载体，在世界上树立中国标准，对于高铁走出去至关重要。通过中国标准动车组的研制，要制定一批具有中国标准动车组创新特点的技术标准，构建中国动车组标准体系，这一点对于在世界上确立中国标准和自主化动车组的形象，以及推动中国铁路“走出去”具有重要意义。

为了实现自主化，中国铁路总公司组织梳理了动车组

⊙ 中国标准动车组两列样车

的主要大部件供应商、九大核心技术、十大配套技术自主化企业清单，通过安排各类重大、重点课题进行自主化研究。对于关键核心系统，如车体、转向架、牵引、制动、网络等，选择两个以上企业分别进行技术攻关，互为备份，确保项目成功。

**实现标准化**。以有利于动车组的运输组织、运用维护及维修为目标，围绕运用界面、操纵界面、维修界面统型以及互联互通开展研究。

⊙ 中国标准动车组的互联互通

在运用界面方面，对列车尺寸、车体宽度、定员及车内布置等进行统一。比如，端部车钩高度统一为1 000 mm，距离轨面1 250 mm处的车体宽度统一为3 300 mm，车体高度统一为4 050 mm。

在操纵界面方面，对司控台进行统一，包括统一各个显示屏的布置、按钮、按键区域划分、功能定义等；统一列车网络控制系统的网络拓扑、显示界面等。

在维护界面方面，要考虑与现有维修设备的适应性、大部件及易耗件的统一，如车体设计应适应现有架车设备，受电弓应能整体互换，制动盘、闸片尺寸接口统一等。

在互联互通方面，开展互联互通设计，满足不同厂家的相同速度等级动车组重联运营、不同速度等级动车组相互救援的要求。动车组的互联互通功能，相当于整车层级的简统化。

**实现先进性**。研制中国标准动车组的目标不仅是掌握核心技术、适应中国运营需要，也瞄准了世界高速动车组的先进水平，在实现自主化、标准化的同时，要研制出一款在性能方面具有世界先进水平、能够代表动车组技术发展方向、在走出去过程中与国外动车组能够同台竞争的产品。要遵循节能环保原则，提高动车组平顺化水平，研究新头型，优化空气动力学性能，积极运用新材料，显著降低动车组阻力，减少能耗；优化乘坐舒适性，减少对外部环境的影响，噪声指标要达到优良级别；提升安全监控水平和智能化水平，推进以太网技术的应用；改变既有时速300 km速度等级和谐号动车组按20年寿命的设计，整车按照30年使用寿命设计；优化修程修制，降低全寿命周期成本；满足动车组广域环境下、跨区间、全天候、持续以时速350 km运营需求。

## 二、制定研发计划

2012年12月，铁道部组织召开动车组技术发展研讨会，与会专家达成共识，要严格按照科研程序，开展科研立项攻关，以国内市场需求为导向，兼顾国际市场，整体规划，分步实施，重点突破，稳步推进具有自主知识产权的中国标准动车组研制工作。

根据和谐号动车组实际情况，结合发改委战略新兴产业示范工程项目，中国铁路确定先期研制时速350 km中国标准动车组，力争在3～5年内形成中国标准动车组品牌。待研制完成后，再向时速250 km等速度等级动车组辐射。时速350 km中国标准动车组的研制总体包括四方面工作：

### 1. 确定技术条件

根据中国铁路线路条件、运行环境、运输组织、检修维护等特点，在系统梳理既有各型号动车组的安全性、可靠性、舒适性、可维修性、经济性指标及大量试验数据的基础上，提出动车组顶层技术指标，确定动车组整车及系统技术条件。

2. 制定技术方案

以技术条件为研发指导，按照产学研用相结合的研发模式，充分利用合作单位的资源优势，联合完成整车及系统技术方案的设计和评审。

3. 开展样车制造及试验验证

按照确定的技术方案，由南车、北车集团及相关企业负责中国标准动车组的样车制造和核心技术攻关，中国铁道科学研究院负责整车各项试验。铁道部按规定程序组织开展评审、线路试验及运用考核等相关工作。

4. 逐步构建动车组的标准体系

在整车及零部件试验验证基础上，结合样车运用考核及拆解检查情况，对技术条件进行不断优化和反复验证，全面掌握高速动车组核心技术，构建中国动车组技术标准体系。

根据铁道部总体部署安排要求，中国标准动车组研制工作的阶段性内容和完成时间节点为：第一阶段，2013年底前完成中国标准动车组的顶层技术指标和暂行技术条件研究编制；第二阶段，依照中国标准动车组的技术条件，力争2014年底（最迟不超过2015年）完成中国标准动车组技术方案研究及样车研制和生产；第三阶段，2016年完成

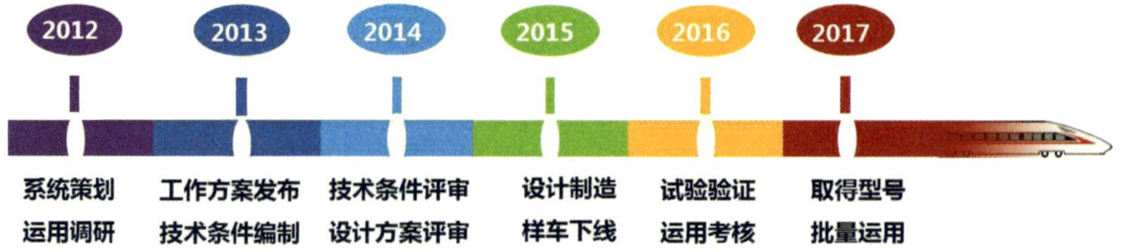


⊙ 中国标准动车组的研发历程

中国标准动车组样车试验验证、优化完善和运用考核等 。

## 三、组建研发团队

中国标准动车组的研制组织，打破了以前和谐号的组织框架，采取了“用户主导、需求牵引”的模式。

2013年6月，中国铁路总公司召开“动车组前瞻性技术及方案研究”课题启动会暨中国标准动车组技术推进会，对编制中国标准动车组技术条件工作进行了统一部署和要求，进一步明确了推进中国标准动车组研制的必要性、工作思路、组织机构及负责人员。

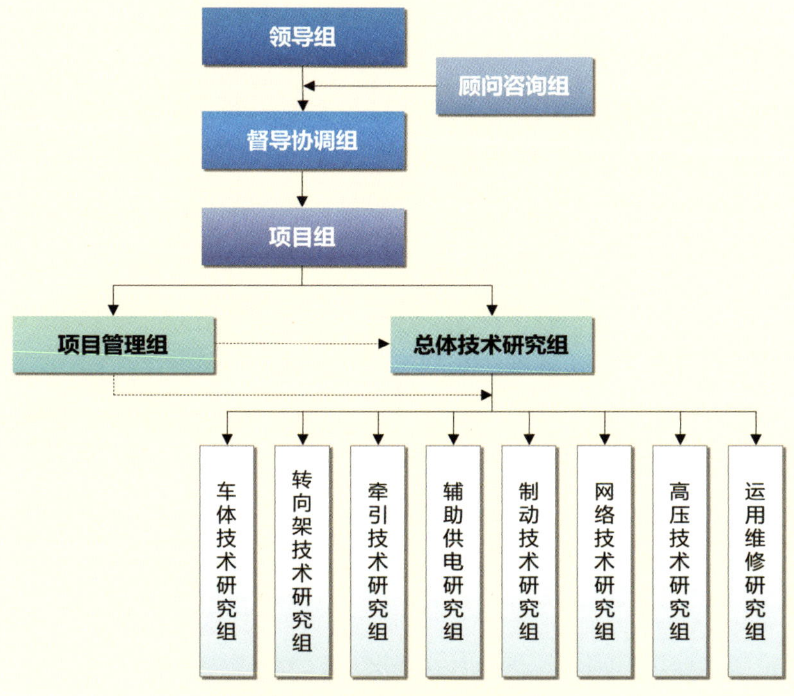


⊙ 中国标准动车组研发项目组织架构

考虑到铁科院是中国铁路行业唯一的多专业、多学科的综合性科技企业，具有人才优势和技术积累，在中国标准动车组的研制中，中国铁路总公司从用户需求角度出发，提出运用需求，主导动车组研制，并明确由铁科院进行技术总牵头，编制中国标准动车组总体技术条件。从此，铁科院全面承担起国家铁路新型动车组技术总牵头责任，在中国标准动车组的研制过程中发挥了重要作用。

在中国铁路总公司的直接指导下，铁科院与南车集团、北车集团、株洲所、四方所、北京交大、西南交大等20余家产学研单位，以及沈阳局、北京局、太原局、武汉局、上海局、广铁集团等运用单位，组成联合创新团队，协同推进项目开展。这种协同创新的工作模式，有效避免了技术体系壁垒，为项目的顺利推进提供了组织保障。

根据中国标准动车组推进情况，为加强组织领导，增强权威性和技术决策的准确性，中国铁路总公司成立了由领导组、顾问组、督导协调组、项目管理组、总体技术组构成的研发项目组织架构，其中领导组主要由中国铁路总公司分管科技工作的副总经理卢春房和分管运输的副总经理胡亚东、杨宇栋等组成，负责全面领导中国标准动车组研制工作，对中国标准动车组研制过程中的重大事项进行决策。

督导协调组由中国铁路总公司科技管理部、运输局车辆部牵头，负责对中国标准动车组研制工作进行组织、督导和协调，主持编制总体技术方案及涉及互联互通、部件互换的关键系统方案等推进工作。

顾问咨询组由原铁道部部长、中国工程院院士傅志寰，中国工程院院士刘友梅等铁路装备制造行业的老专家牵头组成，负责对中国标准动车组研制提供指导和技术咨询。

项目管理组、总体技术组负责动车组研制的具体技术工作，由铁科院、南车集团、北车集团、长客股份、四方股份、唐车公司等单位组成。

中国标准动车组的研制主要由中国铁路总公司分管科技的负责同志和科技管理部牵头组织，由铁科院技术总负责。

## 第四节　制定中国标准动车组技术条件

动车组技术条件是动车组研制的蓝图，规定了动车组设计边界，确定了动车组研发的主要技术路线和方向，是动车组开展详细方案设计的重要依据。

动车组技术条件需要规定动车组运用条件、整车安全、环保、舒适以及其他技术性能指标，明确编组、动力配置、定员、速度、结构尺寸等主要技术参数，细化主要系统的技术路线和功能性能要求。

为做好动车组技术条件编制工作，铁科院牵头在开展需求调研的基础上，对动力配置、车体、转向架、牵引、制动、列车网络控制、高压等进行了深入研究、广泛讨论，最终研究形成了中国标准动车组技术条件。

⊙中国标准动车组研发需求调研

### 一、开展需求调研

中国标准动车组是一种交通工具，首先为乘客服务，要满足乘客对安全、快捷、舒适方面的要求。中国标准动车组又与各铁路局集团公司等运营管理部门有关，因为动车组的运营、维修、周期性养护都要由这些企业负责。中国标准动车组还与装备制造企业有关，新产品要建立新的生产线，要搭建新的技术平台，但也要做到最大限度地利用既有设备，以合理降低先期的投入。

科研团队以需求为导向，本着实事求是、科学公正的原则选择和确定动车组的关键技术参数。通过广泛调研，重点向各铁路局集团公司一线运营单位征求意见和建议，为中国标准动车组关键技术参数的确定提供参考。

2013年8月开始，中国铁路总公司组织开展和谐号动车组实际运用情况及新研制动车组运用需求调研。铁科院、四方股份、长客股份、唐车公司、BST公司、浦镇公司、株洲所、四方所等单位代表赴中国铁路北京局集团公司、上海局集团公司和广州局集团公司，采取现场座谈、问卷调查和现场考察等方式，与负责技术、司乘和维修的人员进行充分交流，收集了大量需求建议。

通过调研，课题组进一步掌握了既有和谐号系列动车组车体、转向架、牵引、制动、列车网络控制等各子系统技术性能、故障情况、存在的问题及解决方案，确认了各动车段（所）检修设备现状及其对中国标准动车组设计的约束，征求了运营部门对中国标准动车组研发的建议。

在车体方面，建议统一车体尺寸、车内和车下设备的布置；使用统一的列车定位坐标系和编号规则，设置清晰的定位标识标记；统一车门锁、电气柜、裙板锁等，采用通用钥匙；前端开闭机构采用左右开的形式；统一车门位置并设置本地开门功能；采用整体式空调、空调机组置于车顶。

在转向架方面，建议统一轮对尺寸、踏面形状、轴距、空心轴内径；采用分体式轴箱以便于日常运维检修；设置轮缘润滑装置；电机采用架悬结构；增加轮对标识，

对重要部件进行编码标识，便于识别和检修；增加转向架动态监测功能。

在牵引与辅助供电系统方面，建议在满足运用需求基础上，减少动车组中动车数量；设置无火回送时自发电、精确定速和里程统计功能。

在制动系统方面，建议设置停放制动、保持制动；统一制动闸片；在车内设置制动隔离开关。

在司乘界面方面，建议设置统一的司乘操作布置、界面和方法，采用单手柄操纵模式。

## 二、确定“动拖比”

确定动车组的“动拖比”，就是确定一列动车组到底配置多少辆有动力的动车和多少辆无动力的拖车，以达到最佳性价比。

“动拖比”参数确定很关键，牵扯面大，涉及面广，对动车组的设计、运用、维修、成本等影响深远，与牵引、制动、列车网络控制、转向架等主要系统的确定有重要关联。采取统一的动力配置方案，便于实现互联互通和关键部件的互换，有利于司机操作。

和谐号采用的“动拖比”模式多达6种，给运用管理带来很大的不便，还增加了运营成本。

和谐号动车组分为短编组和长编组两种，短编组一般8辆，长编组一般16辆。项目组分析后认为，中国标准动车组保持单列8辆编组是合理的，但是8辆编组有4动4拖、6动2拖和5动3拖等三种方式，需要明确最佳方案。

研究发现，当牵引重量和速度目标相同时，所要求的牵引总功率相近，8辆编组动车组最典型的动力配置方案有4动4拖和6动2拖两种模式。中国标准动车组最后的“动拖比”方案，要从这两种模式中进行选择。

总结起来，4动4拖动力配置主要优点有：车下电气设备少，利于减少检修维护工作量；单位质量牵引设备功率密度大，输出相同牵引功率时所需的牵引设备质量小；牵引系统损耗相对较少。

6动2拖动力配置主要优点是：动轴数量多，对牵引黏着系数要求低；动车轴重相对较轻，对轮轨作用力小；动车组出现牵引系统部分故障时，动力损失比例较小。

4动4拖动力配置主要不足之处：动轴数量小，对牵引黏着要求比较高，出现牵引系统部分故障时，动力损失比例较大。

6动2拖动力配置主要不足之处：单体电气设备功率减小，效率降低，发挥整车同样功率，整体损耗大；动车多，电气设备和相应机械设备、冷却系统的数量增加，牵引系统成本较高；牵引系统设备配置数量大，检修维护工作量大。

从牵引系统组成及车下布置、设计难易程度、牵引系统效率、黏着利用、故障运行能力、故障率和制造成本等多个维度对两种动力配置进行充分比较评估后，参研单位以运用需求为目标导向展开了广泛的调研和行业内的专题讨论。

经过多次研讨，针对250 km/h的中国标准动车组，参研单位均同意将动力配置统一成4动4拖模式。针对350 km/h的中国标准动车组，大部分参研单位均同意采用4动4拖模式。

在运用部门调研期间，被调研单位也对到底采用4动4拖，还是 6动2拖给出了倾向性意见。

从牵引系统检修便利性角度看，同意采用4动4拖模式的高达68%；从牵引系统检修任务量角度看，同意采用4动4拖模式的占比68%；从牵引系统检修耗时长短角度看，同意采用4动4拖模式的占比79%；针对“哪种动拖比下牵引

系统传感器故障率低”问题，建议采用4动4拖模式的比例更是高达83%。这说明，站在运用部门角度而言，采用4动4拖模式也是最佳的选择。

多数专家认为，中国标准动车组要明确基本动力单元的设计概念，以实现不同编组的灵活组合。建议以4辆车作为一个动力单元，头车为拖车Tc，编组形式为“Tc+M+Tp+M+M+Tp+M+Tc”，这样更有利于恶劣天气下动车牵引/电制力的发挥。最终确定，中国标准动车组采用4动4拖动力配置模式，基本动力单元采用“Tc+M+Tp+M”形式。

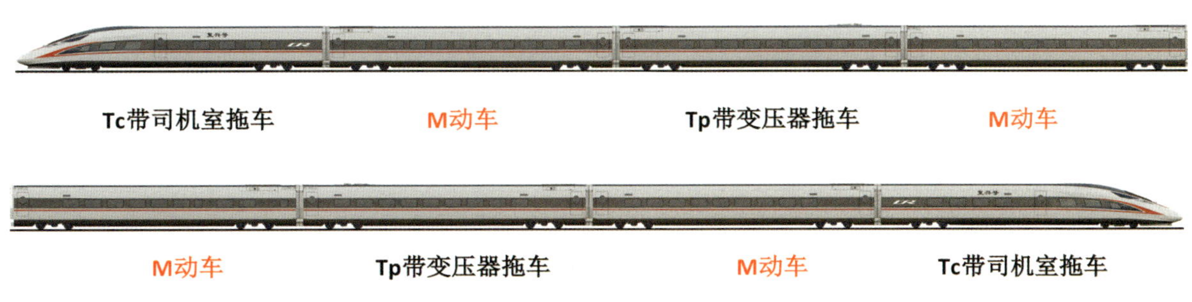


⊙ 中国标准动车组4动4拖模式

经过多年运用实践，4动4拖动力配置显示出其优越性。动车减少，使得整个传动系统效率提高，降低制造、运维成本，还为后续车下加装设备提供了宝贵的空间。

在研发京张高铁智能动车组时发现，针对京张运用需求，考虑由于接触网意外失电时的应急走行功能，动车组需要增加应急牵引自走行系统。该系统需要在原牵引系统的基础上，增加动力电池、双向充电机。在接触网失电条件下，动力电池电能通过双向充电机等装置驱动电机，驱动动车组驶出无电区。正因为中国标准动车组采用了4动4拖方案，为后续安装电池自走行系统留下了足够的空间，且拖车轴重不超标。

⊙ 中国标准动车组技术研讨会

## 三、车体及车内设施

中国标准动车组车体技术参数也是经过了多方技术比选才得以确定的。车体相关参数包括车钩高度、车体长度、车体高度、车体宽度等。这些参数对车体结构设计影响很大，直接关系到旅客乘坐舒适性、车辆定员、车内设施合理布局等。

**车钩高度：**由于和谐号动车组分别从不同国家进行技术引进，端部车钩和中间车钩的高度都不一致，给动车组的重联与救援带来较多问题，需要根据动车组车型配置不同的过渡车钩。中国标准动车组在制定技术条件初期，项目团队通过前往多个铁路局动车组运用现场调研、梳理和分析和谐号动车组车钩高度现状、研究动车组车体端部结构、对动车组曲线通过进行仿真计算、分析机车对动车组救援的联挂要求，最终确定了中国标准动车组端部车钩和中间车钩的高度，其中，端部车钩高度为1 000 mm，中间车钩高度为935 mm。

**车体长度：**车体长度需要综合考虑车辆定员需求、车内设施布置、车体结构强度与刚度要求、车站站台长度、

动车所（段）检修设施设置以及对列车阻力、曲线通过能力等的影响来确定，在广泛调研和征求运用部门意见的基础上，经过反复研究论证，最终确定车体长度为25 000 mm。这个尺寸可满足全车定员576人的要求，同时保证座椅的舒适间距，实现一车一个盥洗室，方便乘客使用，另可满足运用部门对增加机械师室和乘务员室空间、增大电器柜空间的要求。

**车体高度：**在满足限界条件和列车地板高度、车内客室高度、车顶设备配置等要求下，高速列车的车体高度应尽量小，以降低重心、减小阻力。

通过对既有动车组车体高度、车顶空调布置和气道布局等方面分析，并考虑乘客舒适度的需要，当车体高度定为4 050 mm时，不仅能保证客室的净空高度，还能保证空调车顶下沉式安装，达到车顶平顺化设计要求，同时满足气道布置需求。这样不仅能大幅度降低因空调突出车顶而带来的附加空气阻力，而且还方便了空调机组和管道系统的检查和维修。同时可通过车体结构拓扑优化弥补空调车顶安装导致的车体重心提高和重量增加。通过尺寸链和舒适度

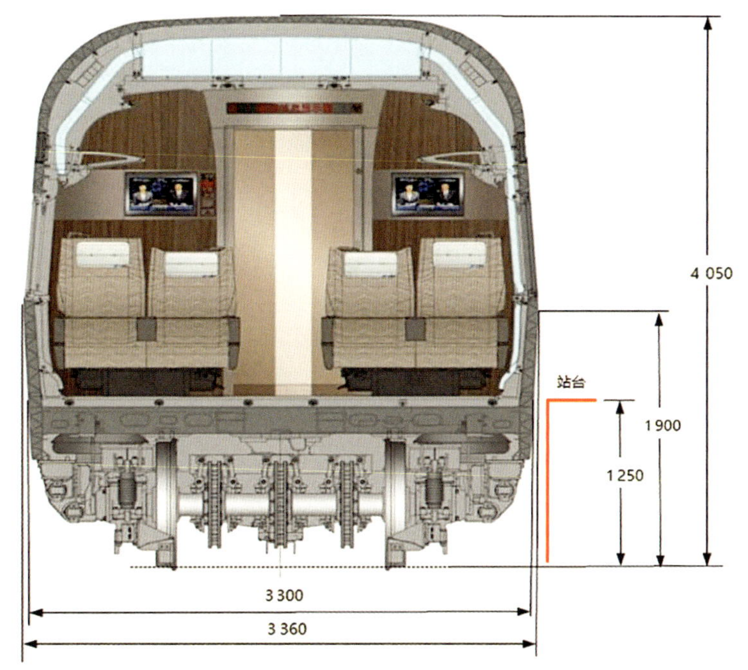


⊙中国标准动车组车体关键尺寸（单位：mm）

仿真分析，最终确定车体高度为4 050 mm。

**车体宽度**：约束车体宽度选取的因素主要有车体与站台、轨旁设施之间的距离要求和车内净宽度要求，其中，前者主要是要求满足铁路限界的规定，同时保证动车组停站期间，距钢轨顶面高度1 250 mm处的车体与站台间隙不大于100 mm；在满足前者要求的前提下，车体选取尽可能大的宽度有利于增大车内净宽度空间，可提高旅客乘坐舒适性。项目组对既有和谐号系列动车组的车体宽度进行了统计分析，同时调研了各铁路局集团有限公司动车段（所）的检修设施，经过研究确定了距钢轨顶面高度1 250 mm处车体宽度取为3 300 mm，车体最大宽度为3 360 mm。

**车门型式**：车门型式直接关系到车体外轮廓的设计、车门监控信息和故障代码的确定，同时还必须满足车体平顺化设计的要求。目前，动车组车门型式主要有两种，即外塞拉门和内藏式塞拉门。其中，内藏式塞拉门开门状态，车门藏于车体侧墙内，车门关闭时，车门位置与车体外墙不平齐，因此会增大动车组运行的气动阻力，同时会影响动车组外观；而外塞拉门开门时，车门向外摆出，关门时，车门与车体平齐，不会增加动车组气动阻力，车体表面平顺美观。研究确定中国标准动车组车门采用外塞拉门。

**车体侧墙拐点高度**：车体侧墙拐点高度不仅关系到整个车体的断面轮廓、车体外部形状，同时关系到车内客室净空间的大小。侧墙高度的确定，除尽可能兼容既有动车组型材及加工模具等设施外，同时要充分考虑旅客乘坐舒适性的需求。通过对车体尺寸分析，并召开多次研讨会讨论，最终确定侧墙拐点高度为1 900 mm。

**车内设施**：车上布置和车内设施与旅客息息相关，事

⊙ 内藏式塞拉门与外塞拉门

关旅客的乘坐体验和舒适性。车内设施主要包括座椅（包括商务座椅、一等座椅、二等座椅）、行李架、大件行李柜、卫生间、洗脸间、电热开水器、厨房设施等。其配置应重点考虑运用部门要求和旅客乘车需要。

时速350 km中国标准动车组平面布置、头车布置和餐座造车布置如图：

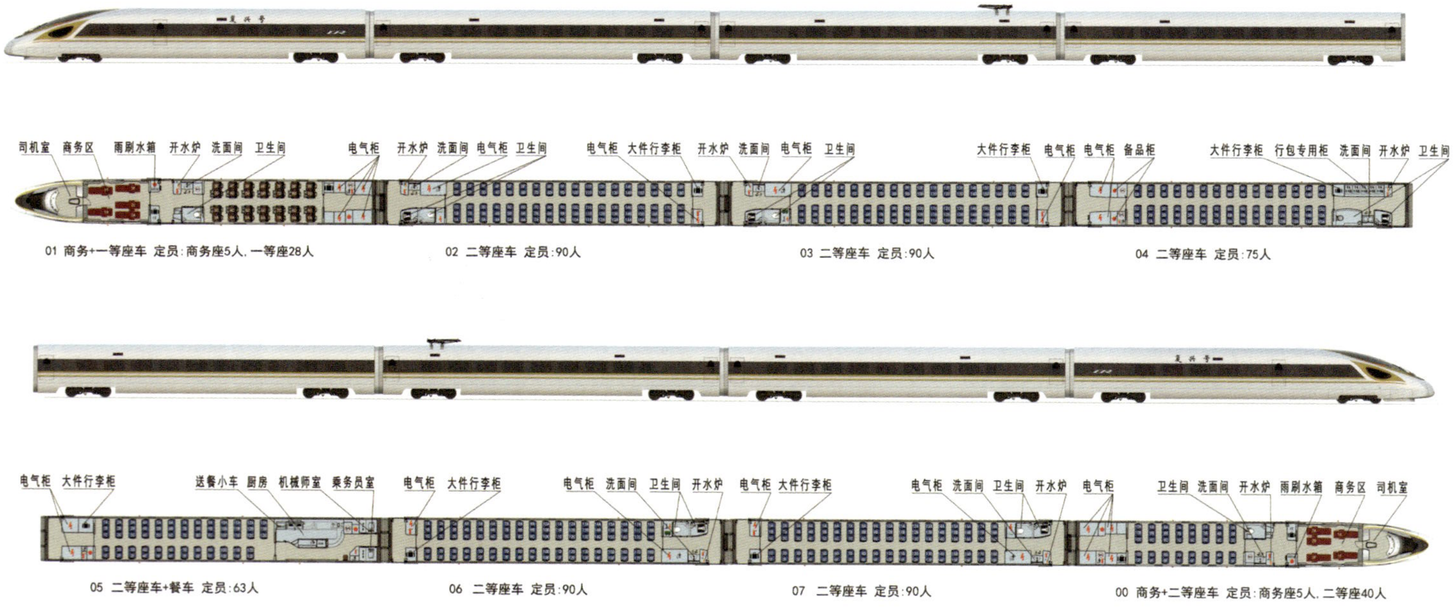

司机室 商务区 雨刷水箱 开水炉 洗面间 卫生间 电气柜 开水炉 洗面间 电气柜 卫生间 电气柜 大件行李柜 开水炉 洗面间 电气柜 卫生间 大件行李柜 电气柜 电气柜 备品柜 大件行李柜 行包专用柜 洗面间 开水炉 卫生间

01 商务+一等座车 定员:商务座5人、一等座28人

02 二等座车 定员:90人

03 二等座车 定员:90人

04 二等座车 定员:75人

电气柜 大件行李柜 送餐小车 厨房 机械师室 乘务员室 电气柜 大件行李柜 电气柜 洗面间 卫生间 开水炉 电气柜 大件行李柜 电气柜 洗面间 卫生间 开水炉 电气柜 卫生间 洗面间 开水炉 雨刷水箱 商务区 司机室

05 二等座车+餐车 定员:63人

06 二等座车 定员:90人

07 二等座车 定员:90人

00 商务+二等座车 定员:商务座5人、二等座40人

垃圾小车 电气柜 开水炉 大件行李存放处 灭火器 垃圾箱

墩布洗池 轮椅存放处 洁具柜 备品柜 工具柜 洗面间

| 总定员:576人(商务座10人、一等座28人、二等座538人) | | | | | | | | |
|---|---|---|---|---|---|---|---|---|
| 车号 | 01 | 02 | 03 | 04 | 05 | 06 | 07 | 00 |
| 等级 | 商务/一等 | 二等 | 二等 | 二等 | 二等 | 二等 | 二等 | 商务/二等 |
| 定员(人) | 5/28 | 90 | 90 | 75 | 63 | 90 | 90 | 5/40 |

⊙ 时速350 km中国标准动车组平面布置

⊙时速350 km中国标准动车组头车布置

⊙时速350 km中国标准动车组二等座车布置

⊙时速350 km中国标准动车组餐座合造车布置

## 四、转向架

中国标准动车组要想跑得又快又稳，就需要造一双“好腿”，也就是转向架，它是保证动车组运行安全性和乘坐舒适性的重要部件，不仅负责支撑车体，还通过轮对实现动车组的牵引和制动。

转向架设计专业性强，一个转向架的成熟需要不断积累运用经验，不断进行优化完善。为满足运用维修的需求，需对下列部件的参数进行研究确定。

首先是确定车轮踏面型式。既有转向架车轮踏面有4种，可分为低等效锥度（LMA）和高等效锥度（LMB、LMC、LMD）两类。车轮踏面外形直接决定着轮轨接触几何关系，与轮轨作用力、车轮踏面磨耗性能、运行稳定性、曲线通过性能相关，需与转向架结构和悬挂参数设计相匹配。考虑不同技术路线的创新和竞争，不宜采用单一车轮踏面型式。因此最终允许车轮踏面沿着LMA和LMB两个的技术路线进行创新。

其次是车轮直径。既有动车组的轮径有860 mm、890 mm、915 mm和920 mm等4种，尺寸差异明显，增加了检修备品数量和运用维修成本。采用大直径车轮，优点是可增加轮轨接触面积，减少轮轨接触应力，并可减少车轮、车轴和轴承的循环次数，缺点是会增大簧下质

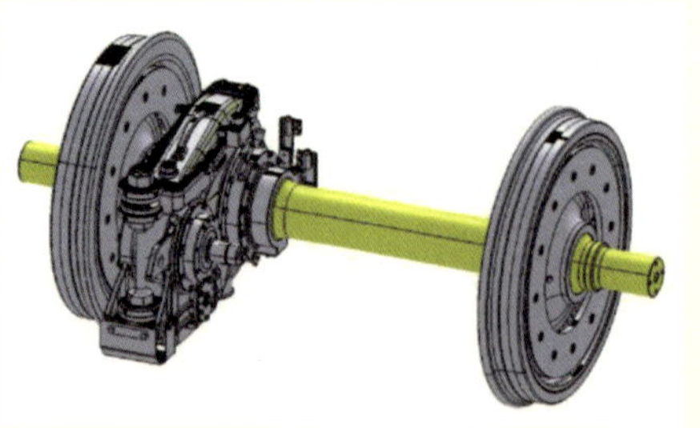

⊙动车组动力轮对

⊙动车组非动力轮对

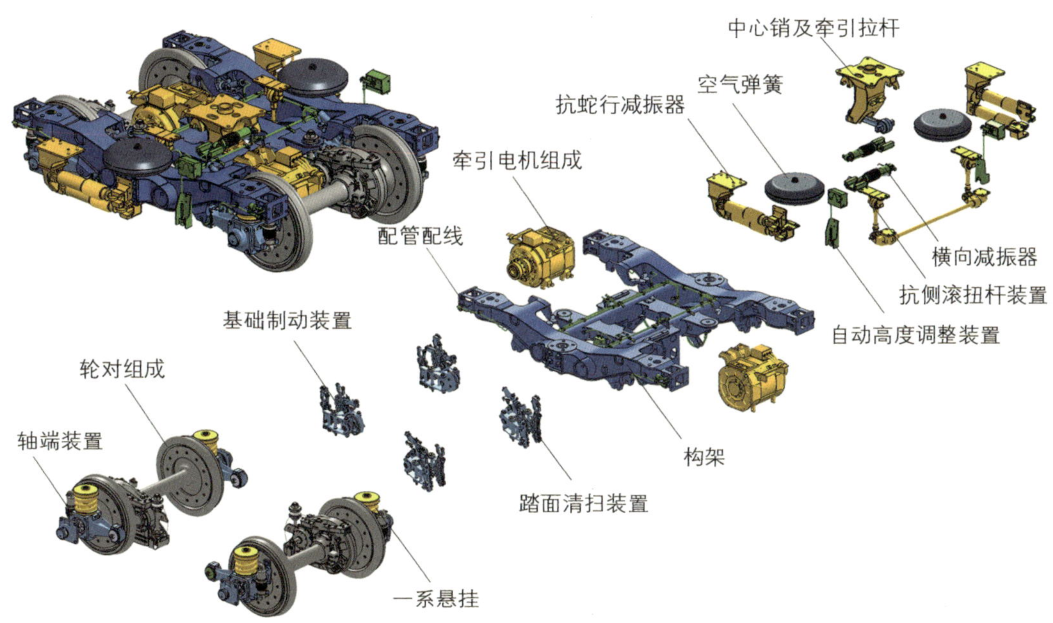


⊙ CR400AF动车转向架

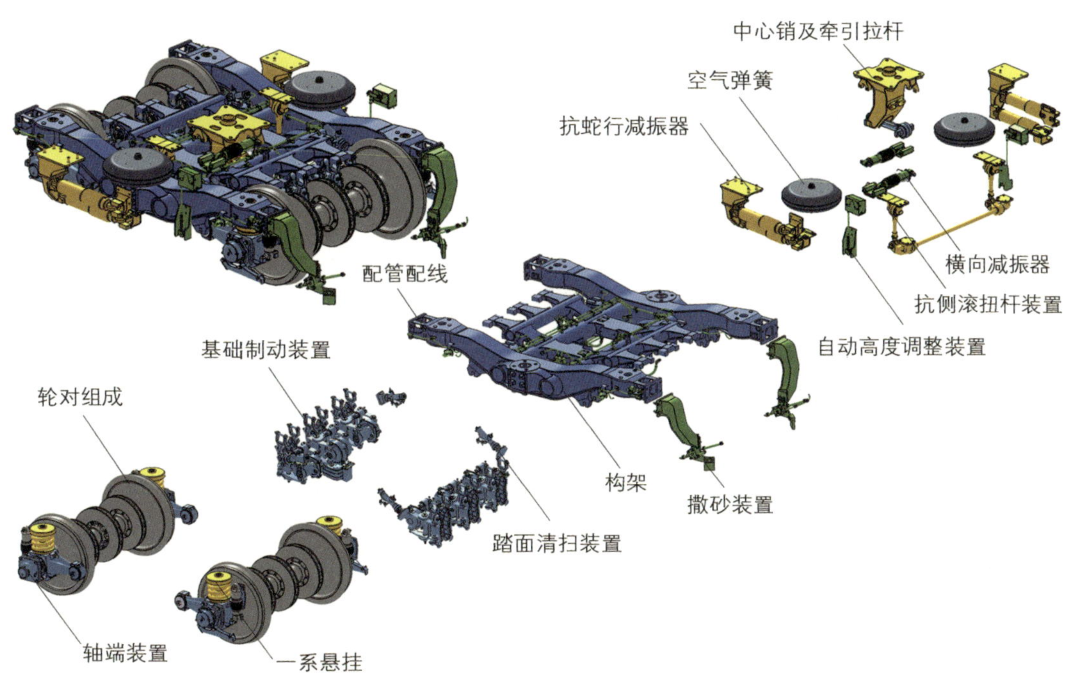


⊙ CR400AF拖车转向架

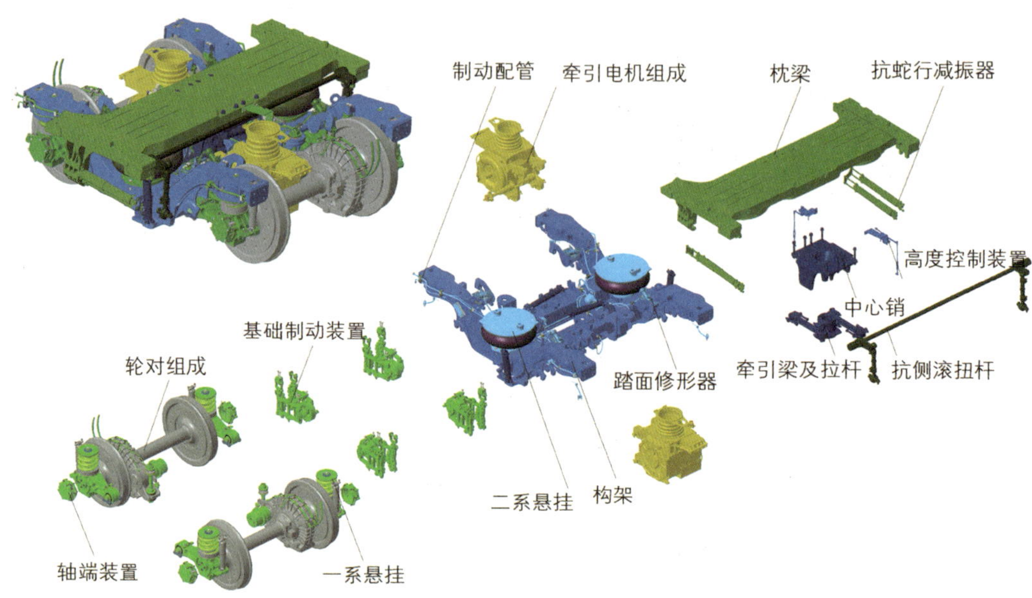


⊙ CR400BF动车转向架

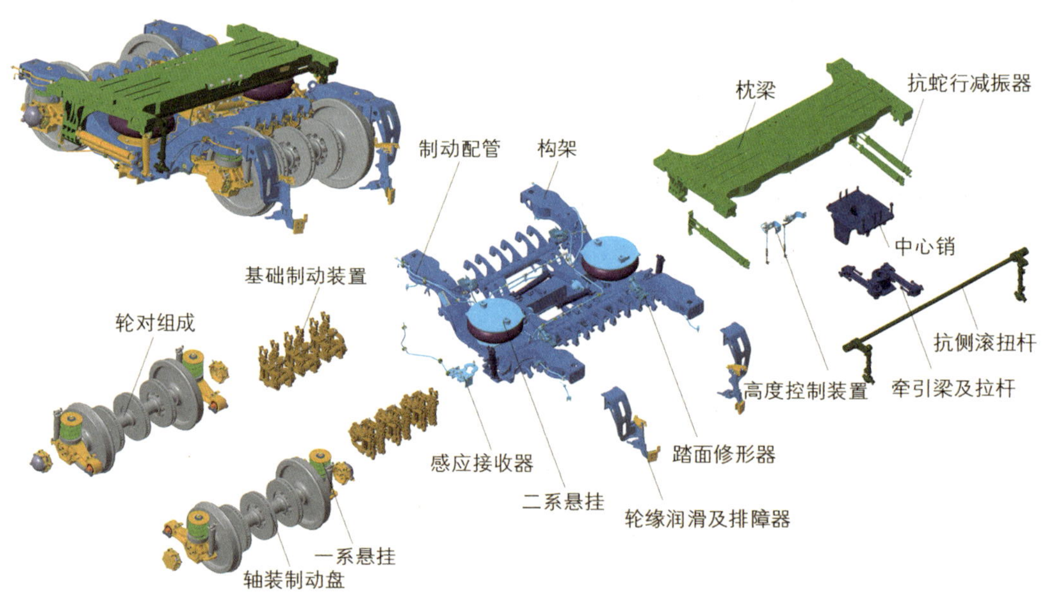


⊙ CR400BF拖车转向架

量，不利于减小轮轨作用力；小直径车轮则正好相反。通过仿真研究，确定车轮直径为920 mm。

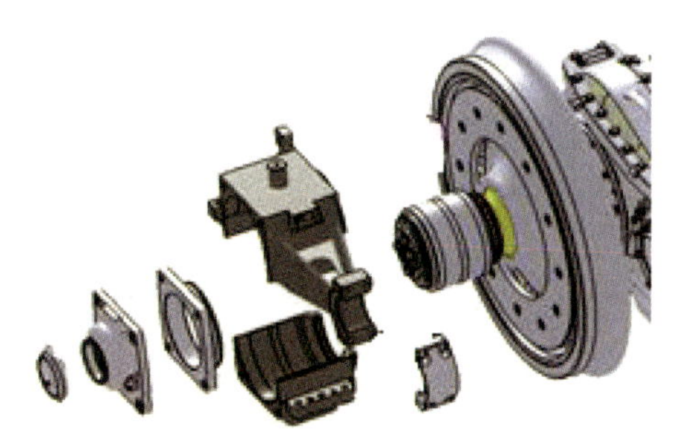

⊙中国标准动车组轴箱

再次是轴箱型式。既有动车组都采用转臂式定位轴箱，有整体式和分体式两种，都能满足动车组高速运行的需要。分体式轴箱有利于运用检修和轮对快速更换，更受运用部门欢迎，经综合比选，最终确定采用分体式轴箱。

除此之外，技术条件还确定了转向架一/二系悬挂的组成，包括一系悬挂采用钢弹簧+垂向减振器、二系悬挂采用空气弹簧+各向减振器，同时还确定了车轴采用空心车轴结构，并统一了车轴内孔的直径为$\phi$30 mm以及牵引装置结构形式、牵引电机和齿轮箱的安装结构等。

## 五、牵引系统

牵引系统为动车组提供动力，是动车组的“心脏”，主要包括牵引变压器、牵引变流器、传动齿轮箱、牵引电机及其相应的冷却装置。其中，牵引变流器是牵引系统的核心部件，由脉冲整流器、中间直流环节及牵引逆变器组成。

牵引变压器负责将单相工频25 kV高压电降压，然后由牵引变流器的脉冲整流器变换成直流电，再由牵引逆变器变换成电压/频率可调的三相交流电，驱动牵引电机，牵引电机输出转矩通过齿轮箱传递给轮对，驱动列车运行，从而实现电能到机械能的转换。

牵引系统技术条件主要对牵引特性、电制能力、紧急牵引模式、主电路关键参数等进行了确定。

牵引特性是列车最重要的特性之一，用列车轮周牵引

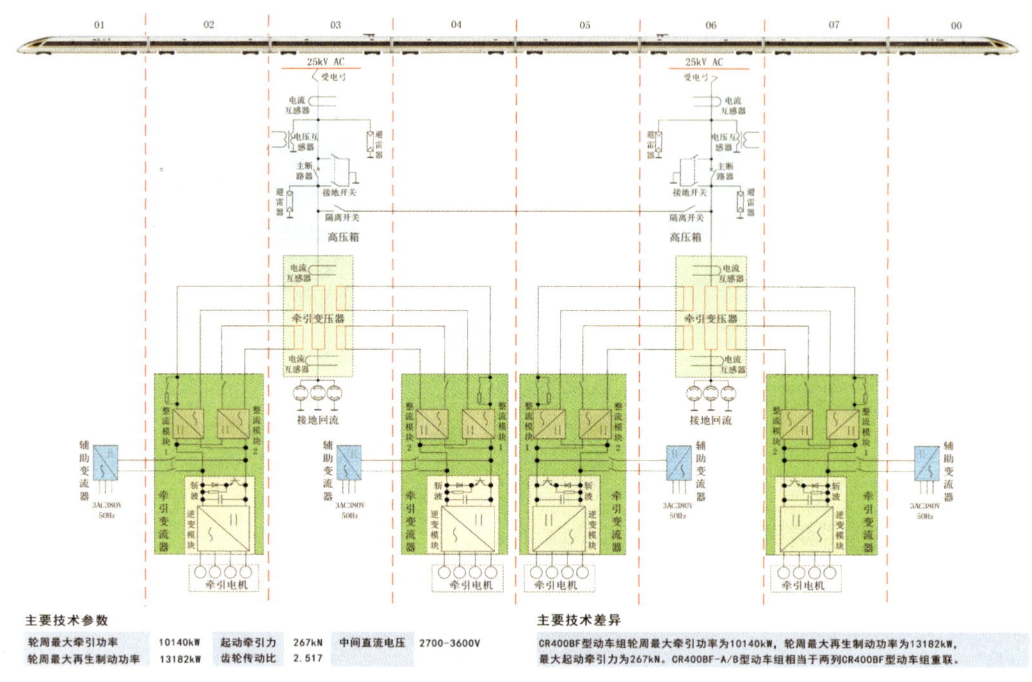


⊙ CR400BF动车组牵引系统配置图

力与速度的关系曲线描述，是进行列车运行仿真计算的最基础数据之一，对列车起动加速性能、运行时分等有重要影响。牵引特性一般按“牛马特性”进行设计，即起动的时候像牛一样充满力量、高速运行的时候像马一样快速持久。

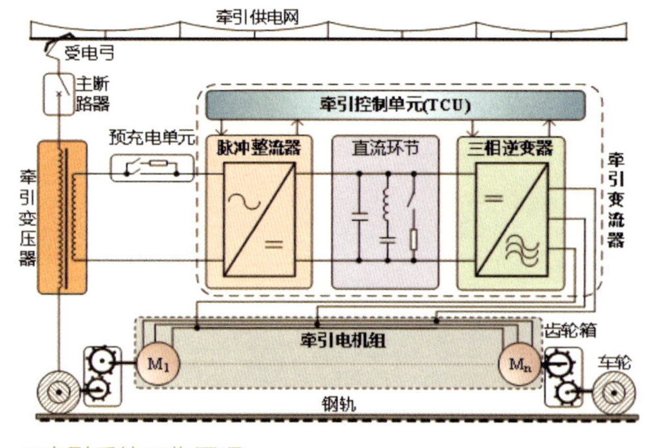


⊙牵引系统工作原理

牵引特性的确定与列车黏着利用、列车重量、列车阻力以及加速能力要求密切相关，是一个相当复杂的过程。首先为能够满足动车组全天候运行要求，在全列4动4拖编组基础上考虑黏着限制确定起动牵引力。其次综合考虑列车重量、运行阻力和剩余加速度要求计算确定动车组轮周功率。然后再综合考虑牵引电机设计、齿轮箱传动比及

0~200 km/h平均加速度的要求，确定恒功点速度。最后对初步计算出的牵引特性采用牵引电算软件进行典型线路仿真验证，形成推荐牵引特性，为牵引系统的设计提供基本遵循。

动车组牵引系统还可通过再生制动实现电制功能，把列车减速时的动能转换成电能回馈至电网，实现节能以及减少制动闸片磨耗的效果，降低运用成本。既有和谐号动车组大部分型号电制轮周功率与牵引轮周功率相同，个别型号动车组轮周功率甚至低于牵引功率。为提升动车组电制能力，合理利用牵引系统的过载能力，中国标准动车组技术条件规定动车组电制轮周功率为牵引轮周功率的1.3倍。

为提高动车组故障时的可用性，中国标准动车组要求设置紧急牵引模式，在列车网络控制系统发生严重故障（如网络不可用，网关故障）的情况下，应可根据司控器指令通过硬线控制列车牵引走行。

中间电压是牵引系统主电路的重要参数，是牵引变流器功率模块、复合母排、传感器、接触器、牵引控制单元等电气部件设计选型的重要依据。不同的中间电压设计会对上述电气部件的成本、牵引变流器的可用性、可靠性和可维护性等指标产生影响，还会对牵引变压器阻抗设计、牵引电机电磁参数设计产生影响，因此变流器中间电压的确定是一个正向设计，反复迭代的过程。在中国标准动车组中间电压的确定过程中，设计团队根据整车牵引功率需求和动拖比的配置提出了多种中间电压方案，最终确定采用3 600 V。

此外，动车组技术条件中还对不同网压下功率发挥、牵引系统的控制与保护功能、故障运行能力、主要组成部件的性能等做出了规定。

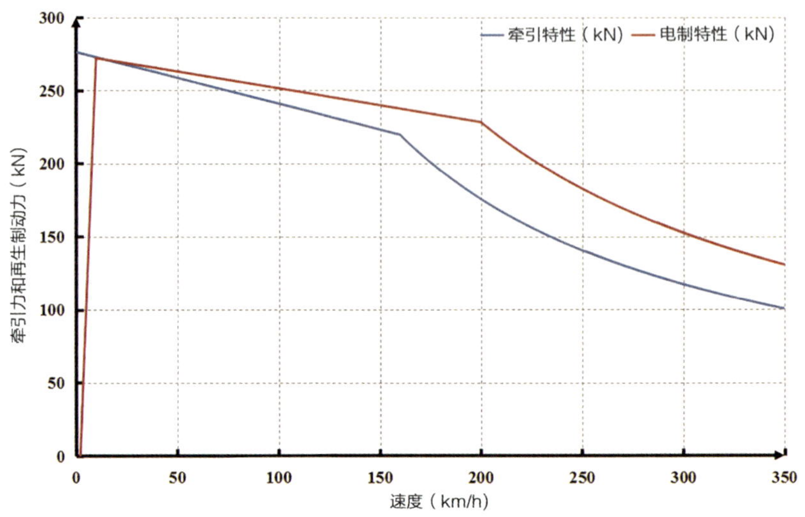


⊙ 时速350 km中国标准动车组牵引特性和电制特性曲线

## 六、制动系统

制动系统是列车运行安全的“守护神”，其功能是使列车减速、在规定距离内停车或阻止静止的列车移动，包含制动控制系统、风源系统和基础制动装置三部分。其中，制动控制系统具有制动控制、防滑控制、故障监测及诊断等功能；风源系统为制动及其他用风设备提供压缩空气；基础制动装置包括制动盘、闸片及制动夹钳单元，压缩空气推动制动夹钳单元内制动缸的活塞动作，经杠杆放大一定的倍数后转化为闸片与制动盘之间的摩擦力，产生制动作用，将列车的动能转化为热能。

对中国标准动车组制动系统重要技术问题进行深入调研、反复论证后，确定了制动系统架构、主要技术指标和关键技术要求，包括减速度模式曲线控车、基础制动装置材料和配置、制动控制系统的模块化设计等，为中国标准动车组制动系统的成功研制奠定了基础。

动车组制动系统架构主要分为间接制动和直通制动两

种。间接制动通过控制列车管排风减压产生制动作用，制动存在一定不同步性。随着计算机技术的发展，研发了微机控制的直通电空制动系统，通过电信号传递制动指令，制动的同步性好，特别适合于新一代高速动车组。经研究对比，中国标准动车组确定将微机控制的直通电空制动系统作为自主化攻关的方向。

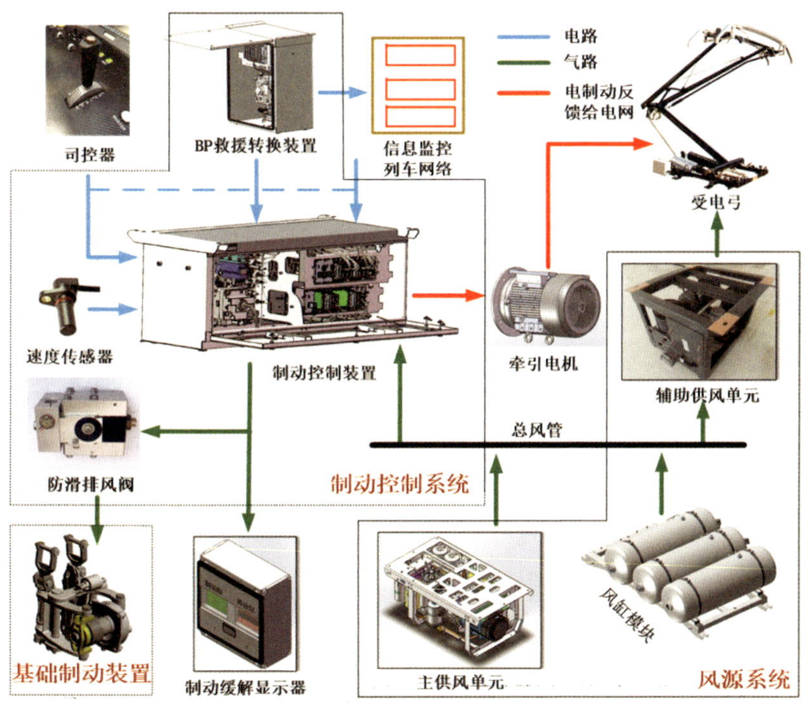


⊙ 动车组制动系统

制动控制采用减速度模式曲线控制列车减速或停车，根据列车重量自动调节制动力，保证制动距离，减速度模式曲线反映了列车制动特性，是制动系统设计的重要依据之一。中国标准动车组应尽可能充分发挥电制动能力，只有当电制动能力不足时，才使用空气制动。结合牵引系统电制动能力曲线的特性，根据制动距离的要求，完成制动减速度曲线的设计，通过轮轨之间的黏着特性进行设计校核，所设计的减速度曲线必须满足黏着的要求。

经过反复计算和论证，确定了中国标准动车组各级位减速度模式曲线，实现了仅使用电制动即可满足1～4级常用制动的需求，减少了中国标准动车组的机械磨耗，降低了运用成本。按列车级进行空电复合制动控制，整列车内制动力分配更合理。

为满足中国标准动车组运用要求，特别是车辆最恶劣运用工况下的热负荷要求，需要科学选择制动盘材料和配置。

不同的制动盘材料，由于强度、比热等特性不同，其使用范围也不一样。目前，动车组普遍运用的制动盘材料分为：铸铁材料、锻钢材料和铸钢材料三种类型。铸铁材料由于其强度较低，主要适用于速度较低的市域动车组；锻钢材料具有较高的强度和韧性，良好的耐磨性和热疲劳性，在部分高速动车组上得到了运用，但由于锻造成形特点决定了锻钢制动盘的散热筋结构简单，散热条件有局限性，进而限制了其在高速动车组上的普遍运用。铸钢材料在常温及高温下的力学性能良好，抗热变形能力和热稳定

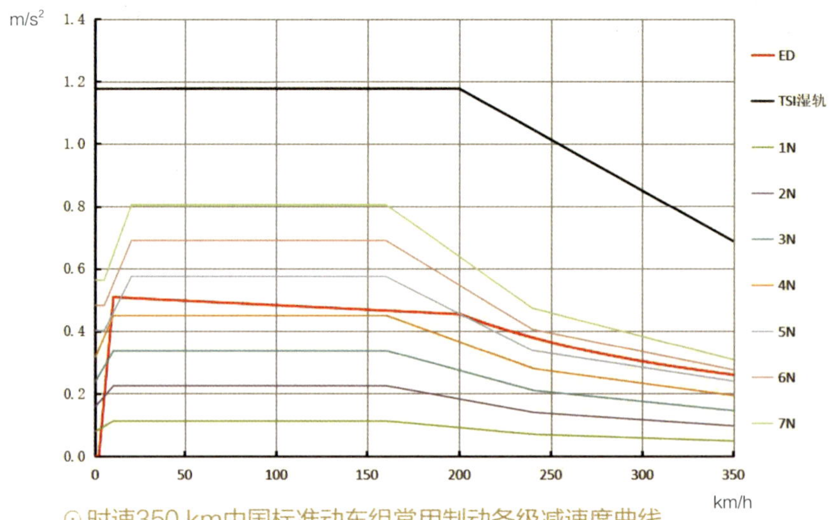


⊙时速350 km中国标准动车组常用制动各级减速度曲线

性能优异，韧性、耐磨性和铸造工艺性能好，是理想的制动盘材料。中国标准动车组规定制动盘采用铸钢材料，在满足拖车轮对、动车车轮互换、制动盘、闸片互换的要求下，可采用锻钢材料。

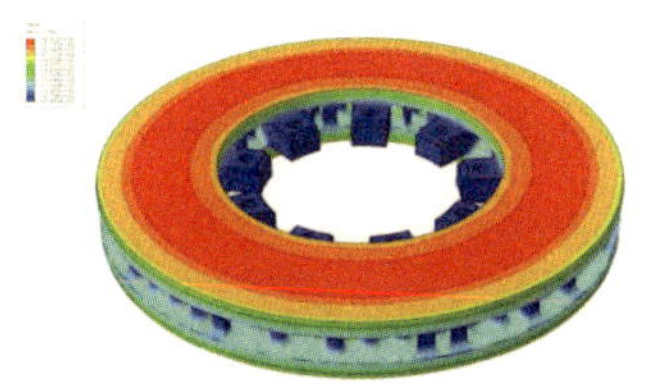

⊙制动盘温度仿真云图

⊙制动盘应力仿真云图

为最大限度地发挥材料特性，使单个制动盘承受的热负荷、热应力在材料许可范围内，需要结合安装空间合理配置制动盘数量。通过大量仿真计算和试验验证，最终确定了制动盘的配置数量：每个动轴配置2个轮装制动盘，每个拖轴配置3个轴装制动盘。制动盘的热容量满足动车组最高运营速度下连续两次紧急制动的热负荷要求。

⊙中国标准动车组制动盘在1:1制动动力试验台开展试验

此外，动车组技术条件还对主空压机控制、回送和救援、撒砂控制及制动试验等进行了规定。

## 七、网络控制系统

列车网络控制系统是动车组的“大脑”和“神经中枢”，负责将动车组列车上的各子系统设备连接在一起，提供可靠的数据通道、发布合理的控制指令、接受设备反馈的异常状况，实现对牵引、制动、辅助供电、空调、照明等各个子系统的统筹控制、监视与诊断。以执行牵引动作为例，当司机将操作手柄移至牵引位时，列车网络控制系统的输入输出模块对该信息进行双路冗余采集后，传输到中央控制单元，确保信息可靠，中央控制单元根据手柄位置、当前速度、接触器受流情况、牵引系统可用性能、车门是否关闭、各车辆的制动缓解状态等，确定向各牵引控制单元发布相应控制指令，牵引系统执行指令，驱动动车组向前运行。

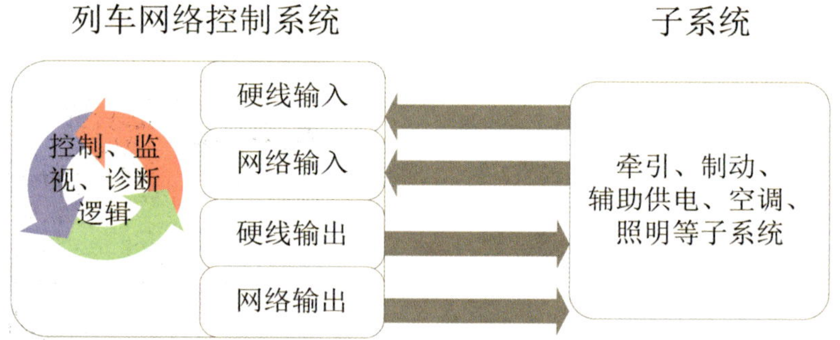


⊙ 列车网络控制系统功能

机车车辆能够应用的网络总线种类较多，有WTB/MVB、ARCNET、WorldFIP、LonWorks、CAN等。鉴于WTB/MVB网络是IEC国际标准明确推荐在机车车辆使用的通信总线，且在和谐号动车组有成熟的应用经验，能够更好适应列车网络分布式控制、重联运营等工作场景，研发团队确定将WTB/MVB网络系统作为自主化攻关的方向。同时考虑到动车组智能化发展需求，提出了在列车级增设以太网，以增加数据传输处理能力和通过网络进行维护等功能。

列车网络控制系统主要包括中央控制单元、人机接口显示屏、输入输出模块、网关、网卡、中继器、以太网交换机等设备。具备网络接口的子系统，可通过网络接口进入车辆网；不具备网络接口的系统，可通过具备网络接口

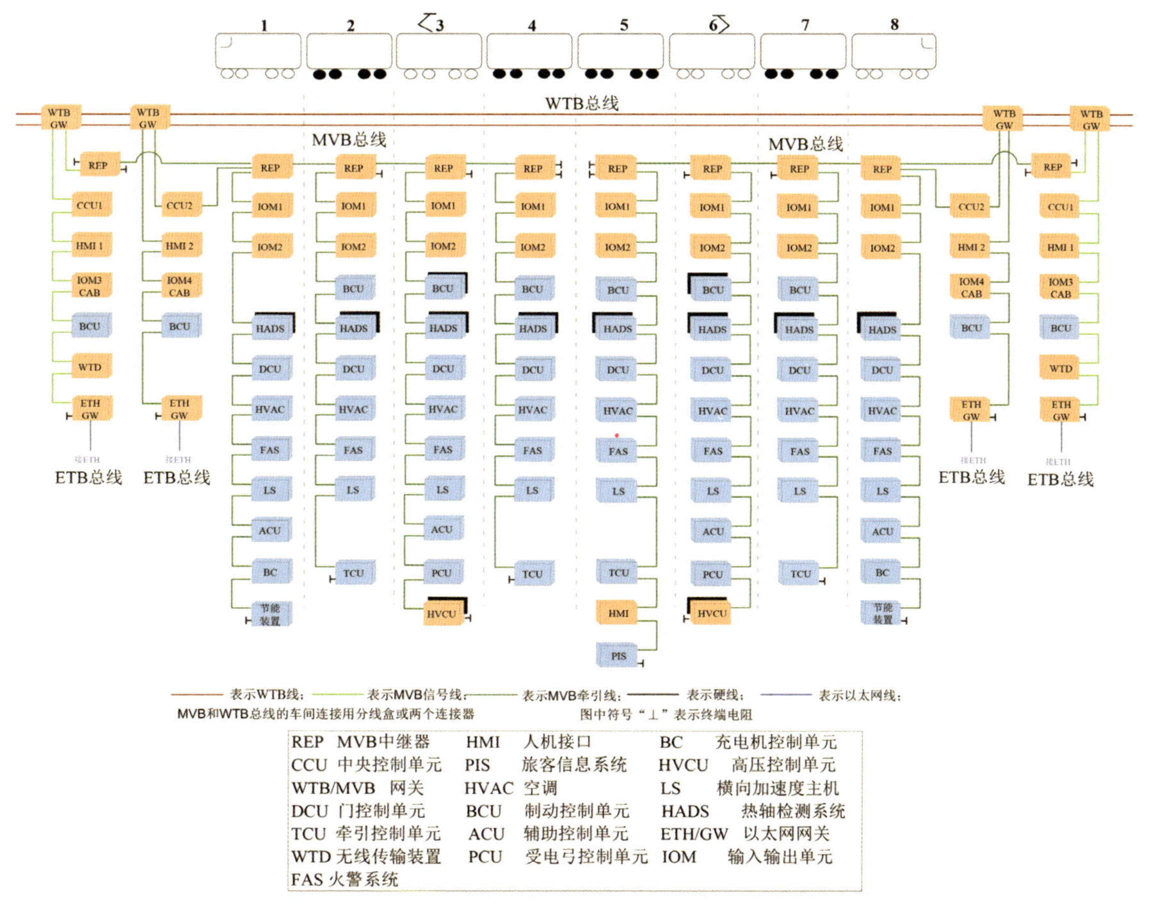


⊙ 中国标准动车组列车网络控制系统拓扑结构

的输入输出设备或协议转换单元接入车辆网。

合理的网络拓扑是网络控制系统设计的基础，决定了动车组整车设计和子系统研制的明确需求。考虑到列车级节点动态组网和设备节点数量较多的需求，确定采用两级网络结构，列车级网络采用WTB总线，车辆级网络采用MVB总线。子系统设备入网位置的确定需要综合考虑设备的重要性、安装的难易程度、重新配置的难易程度、维护的难易程度，以及通信介质发生故障时，受到影响的情况等因素。

为了进一步提高系统的可靠性和可用性，列车网络控制系统拓扑要求采用冗余结构，包含通信介质冗余、中央控制单元冗余、显示单元冗余和采集设备冗余等。列车级和车辆级均应采用A、B通道，每个子系统设备设置两个网口以保证通信介质冗余，当其中一个线路出现异常无法正常工作时，整个网络系统仍然可以正常工作。设置两个中央控制单元，相互热备冗余，当主中央控制单元发生故障时，从中央控制单元可以迅速接替。司机室设置冗余的人机接口显示屏，两个显示屏界面整体风格完全一致，显示的牵引主界面、制动主界面、门状态界面等主要界面保持统一。

在维护用以太网方面，要求在每节车辆安装以太网交换机，通过车辆之间的贯通线缆把车辆以太网连成一个整体，子系统通过以太网接口实现与车辆以太网的连接，进行数据交换。通过专用笔记本电脑，连接以太网线缆，可以在一定权限下访问车辆上的子系统设备，对设备进行网络维护、实时监控和数据下载等。

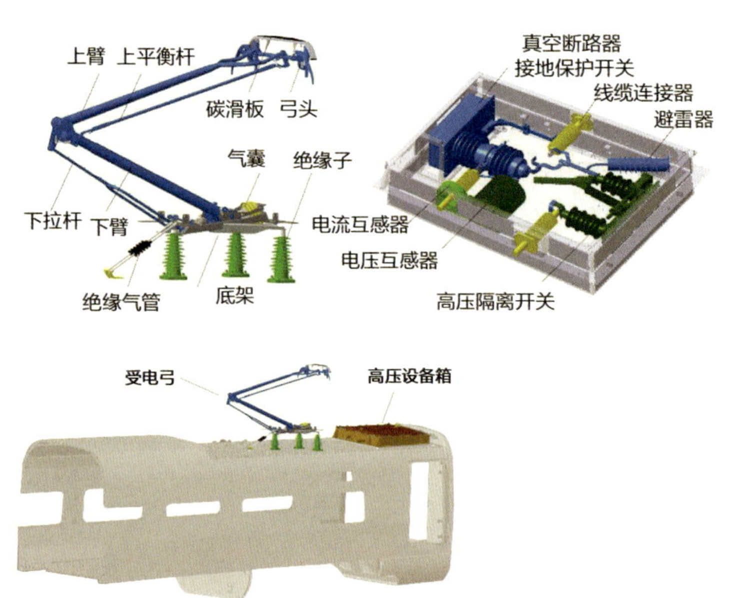


⊙CR400BF动车组受电弓和高压箱

## 八、高压系统

中国标准动车组的动力来源于接触网的25 kV单相交流电，高压系统负责把电能从接触网接入动车组牵引系统，具有受流、电能传送、高压电气测量、高压控制和保护等功能。高压系统主要包括受电弓、真空断路器、避雷器、高压电压互感器、电流互感器、高压电缆

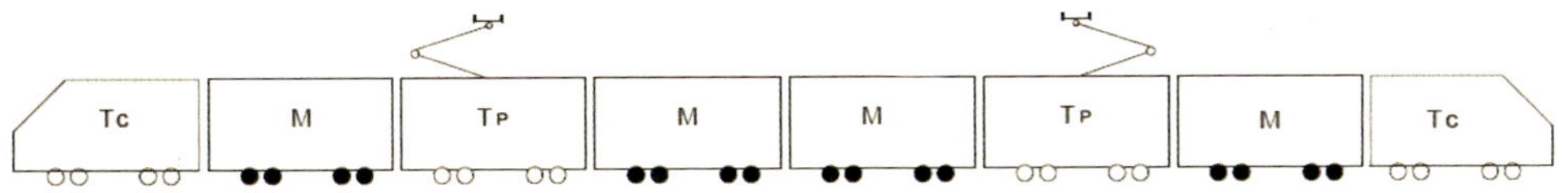


⊙受电弓安装位置

及附件、高压隔离开关、保护接地开关、支撑绝缘子等部件。

受电弓是安装在动车组车顶上的受流设备，其高质量受流性能是动车组持续高速运行的重要保障。受电弓按控制方式可分为被动式和主动控制式两种。被动式受电弓的性能主要依靠受电弓的结构和导流装置来调节控制，主动控制受电弓在受电弓结构和导流装置基础上加入电子控制方式，能够动态调整受电弓的抬升力。技术条件研究确定中国标准动车组的受电弓采取主动控制方式。

之所以采取主动控制方式，是因为受电弓通过与接触线接触滑行获得电流，中国高速铁路接触网的参数和结构在不同的区段有所不同，最典型的是接触线高度差别比较大，时速350 km线路接触线的高度为5 300 mm，如京广、京沪、沪昆、哈大等线路；客货共线双层集装箱线路接触线的高度为6 450 mm，如石太、合武、汉宜等线路。随着中国高铁线路逐渐网络化运营，动车组也通常采用跨线成网方式运行，这给动车组受电弓与不同区段接触网的弓网适应性提出了挑战，采用主动控制方式能够通过动态调整受电弓的抬升力，从而满足动车组跨线运行需求，后期的试验和运行结果表明，中国标准动车组的弓网受流性能，均优于相同速度级的和谐号动车组。

动车组高压系统安装在车顶，相对容易受到雷电影响。既有和谐号系列动车组高压系统外绝缘特性遵循欧洲或日本标准，额定雷电冲击电压耐受水平较低，不能满足中国大范围跨线运行使用条件，结合中国国情，中国标准动车组要求高压系统外绝缘特性的雷电冲击耐受电压水平

⊙复兴号车顶高压电器

⊙和谐号车顶高压电器

按照185 kV设计，以有效降低高压绝缘故障率。

和谐号动车组车顶高压电器一般采用户外分散布置方式，易受环境影响，也给检修人员带来了较大的工作量。中国标准动车组要求采用集成式高压设备箱，通过密闭的高压箱体隔离了外界环境因素的影响，从而使列车整个高压系统的适应能力大大增强，能够运用于各类线路条件，适应中国大范围的运营现状，并且其结构特点可有效减少车顶空气阻力，有利于降低能耗。

研究确定中国标准动车组的关键技术和相关标准，为下一步推进样车研发制造提供了遵循。经过长时间的研讨、分析、碰撞、融合、总结，最终完成了中国标准动车组的设计蓝图。

2013年12月，中国标准动车组技术条件制定完成，2014年2月14日，中国铁路总公司颁发《时速350公里中国标准动车组暂行技术条件》，为中国标准动车组样车研制提供了设计依据。

技术条件中规定了中国标准动车组的运用条件、总体要求、基本性能、主要特征参数、各系统的技术要求、

运用维修以及试验与检验等内容，并明确了中国标准动车组在运用方面实现互联互通、旅客界面和司乘操作界面一致，在维修层面实现维修部件的统型和维修作业流程一致等要求。

技术条件所涉及的规范性引用文件包括国家标准、铁道行业标准、国际电工委员会标准、国际铁路联盟标准等。根据中国标准动车组的主要系统组成，技术条件共分为10部分，分别为：总体、车体、转向架、牵引系统、制动系统、网络控制系统、高压系统、辅助供电系统、供排水与卫生系统及车内环境控制系统、司机室等。

## 第五节 中国标准动车组互联互通与统型

按照总体技术条件要求，中国标准动车组运用方面要实现互联互通、旅客界面和司乘操作界面的一致性，在维修层面要实现维修部件的统型。为实现该目标，项目组组织开展了互联互通和统型专项研究。通过互联互通研究，实现不同厂家的相同速度等级动车组重联运营、不同速度等级动车组相互救援，提高了动车组运用效率；通过统型研究，实现界面统一和重要零部件统型，减少了备品备件种类和数量，降低了全寿命周期运维成本。

### 一、互联互通

为实现不同厂家生产的相同速度等级动车组能够重联运营、不同速度等级的动车组能够相互救援，需要统一机械接口，实现物理互联；需要统一电气接口，实现逻辑互通；需要统一操作界面、工作模式，实现互操作。

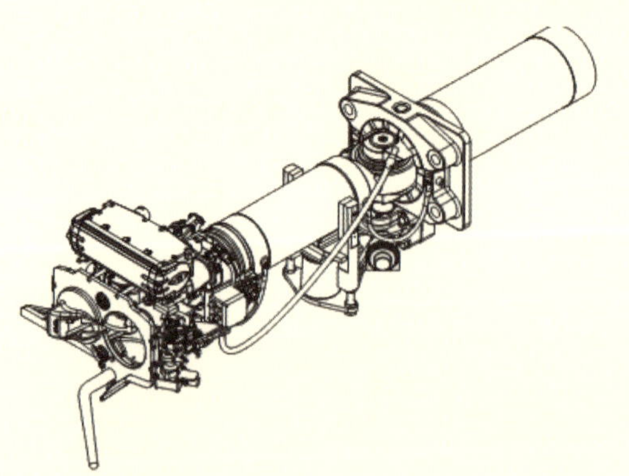

⊙前端车钩组成与结构示意

物理互联指采用统一的前端车钩接口（含机械接口、气路接口、电气连接器）实现重联机械连接；通过统一的过渡车钩、救

援连接器接口实现机车与被救援中国标准动车组，和谐号动车组与中国标准动车组之间救援的机械连接。前端车钩位于动车组的头尾两端，用于实现动车组之间的机械、电气和气路连接，采用全自动钩缓装置，可通过司机室控制实现车钩的机械、气路和电路的自动连接。过渡车钩采用统一的机车过渡钩模块、动车组过渡钩模块，实现接口、安装高度统一。通过救援连接器可实现由救援中国标准动车组向被救援中国标准动车组提供DC110 V电源，满足救援时控制、制动等应急负载用电。

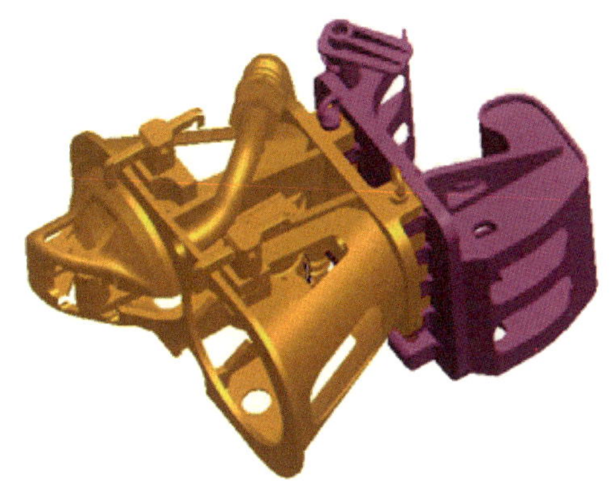

⊙过渡车钩组成与结构示意图

逻辑互通指采用统一的列车级网络初运行标准、通信协议、故障诊断代码规范，实现正常运行重联动车组的控制指令、状态信息的相互贯通；采用统一的列车级硬线控制电路、安全环路，实现重联动车组、相互救援动车组间的关键控制指令及安全监控回路的相互贯通；采用统一的BP救援转换装置，实现救援与被救援动车组制动指令互通。

⊙中国标准动车组互联互通联挂作业

重联互操作是指采用统一的司乘操作布局、主要人机交互界面，实现司乘操作界面的互操作；统一的控制指令、操作方式，实现主要控制指令输出的互操作；统一的重联、救援、回送、调车、洗车等工作模式功能定义、实现方式、操作流程，实现各种工作模式的互操作；统一的故障判断及自动限速控制策略，实现重联动车组故障时降级限速控制的互操作和导向安全。

列车网络控制系统是实现动车组互联互通的核心，需要统一网络初运行和列车级数据传输协议、统一主要子系统（如牵引、制动、辅助等）与互联互通相关的数据格式及内容、统一中央/车辆控制单元与互联互通相关的主要动车组控制功能、统一中央诊断单元与互联互通相关的主要动车组监视诊断功能、统一人机接口显示屏主要显示界面、统一诊断系统故障代码编制规则等。

其中，网络初运行包括TCN初运行和操作初运行，TCN初运行完成WTB总线动态组网，给每个WTB节点分配节点地址，建立WTB过程数据通信；操作初运行分为节点索引、节点识别、主控车识别和方向识别四个功能。列车级数据传输采用25 ms的传输周期，根据信号传输的实时性和功能要求划分不同的端口（P1~P5），将实时性要求高的数据每个周期都发送，如P1~P3，实时性要求较低的数据分页分时进行发送，如P4~P5。

## 二、司机操作界面统型

司机操作界面统型是中国标准动车组统型的一项重要工作，包括司控器、操纵台布置、显示界面等内容。

和谐号动车组司控器分为单手柄和双手柄两种模式，其中CRH1和CRH5系列动车组为单手柄，CRH2系列动车组为双手柄，CRH3系列动车组采用双手柄，另设置1个定速手柄，共有3个手柄。

单手柄模式集牵引、制动、恒速控制器于一体，司

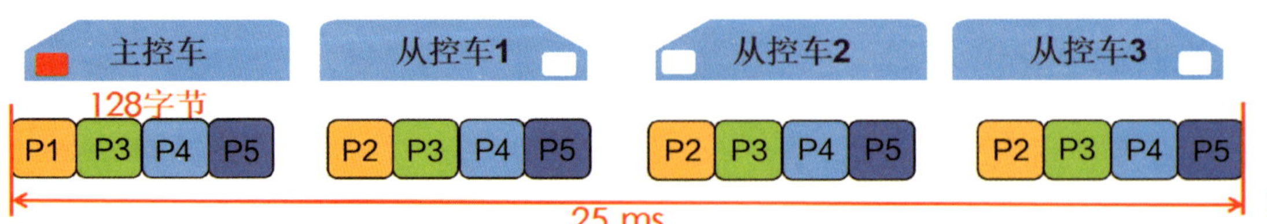


⊙ 列车级数据传输端口及时序图

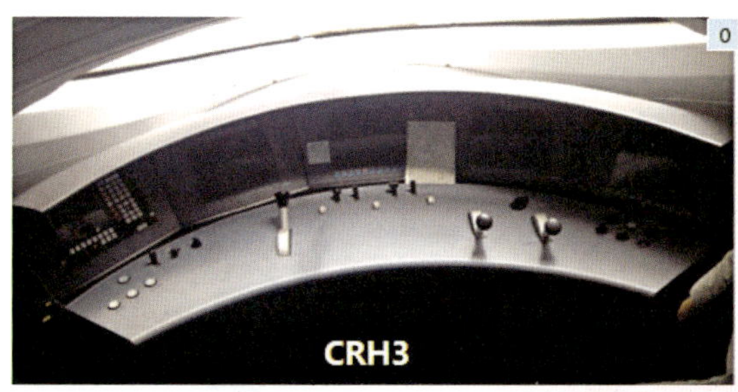

⊙ 和谐号动车组司机室操作台

机单手即可实现列车的起动、加速、减速、定速、制动和紧急制动等操作，而且节省操作台空间。经过广泛调研和人机工程学分析，中国标准动车组确定采用单手柄操作模式，并依据重要性、频次性、功能性、顺序性、可达性和故障导向安全等原则统一了司机操纵台布置。

司机操纵台分为仪表盘区、台面区和踏板区，其中，仪表盘区主要布置各系统显示设备；台面区主要布置司控器、行车过程中重要的操作开关和按钮；踏板区主要布置司机警惕脚踏开关和风笛开关。

司机操纵台上开关和按钮应可防止误操作、误碰，左右侧车门控制开关分别布置在操纵台上对应的左右两侧，开关按钮等通过颜色、文字标识或通用图示区分，重要操作按钮采取加保护罩等措施以减少误操作。在行车过程中，司机右手常握司控器手柄，以便紧急情况下，可以快速反应，实施列车制动。因此，在列车运行过程中需要操作的器件布置在左手能够操作的区域。

同时，为保证司乘人员操控不同型号动车组的一致性，减少操控的思维跨越性，还对显示屏界面进行了统型，包括显示结构树和73个主要显示界面。

⊙ 中国标准动车组司机室

## 三、旅客界面统型

旅客界面与旅客的乘车感受密切相关。和谐号系列动车组由于从不同国外公司进行技术引进，因此旅客界面千差万别，如车内平面布置不统一、车内信息显示布置和内容不统一、车外显示位置和显示内容不统一等，给出行旅客带来了许多不便。为了解决这些问题，方便旅客乘坐，为旅客提供一个舒适的乘车环境，统一动车组旅客界面非常必要。

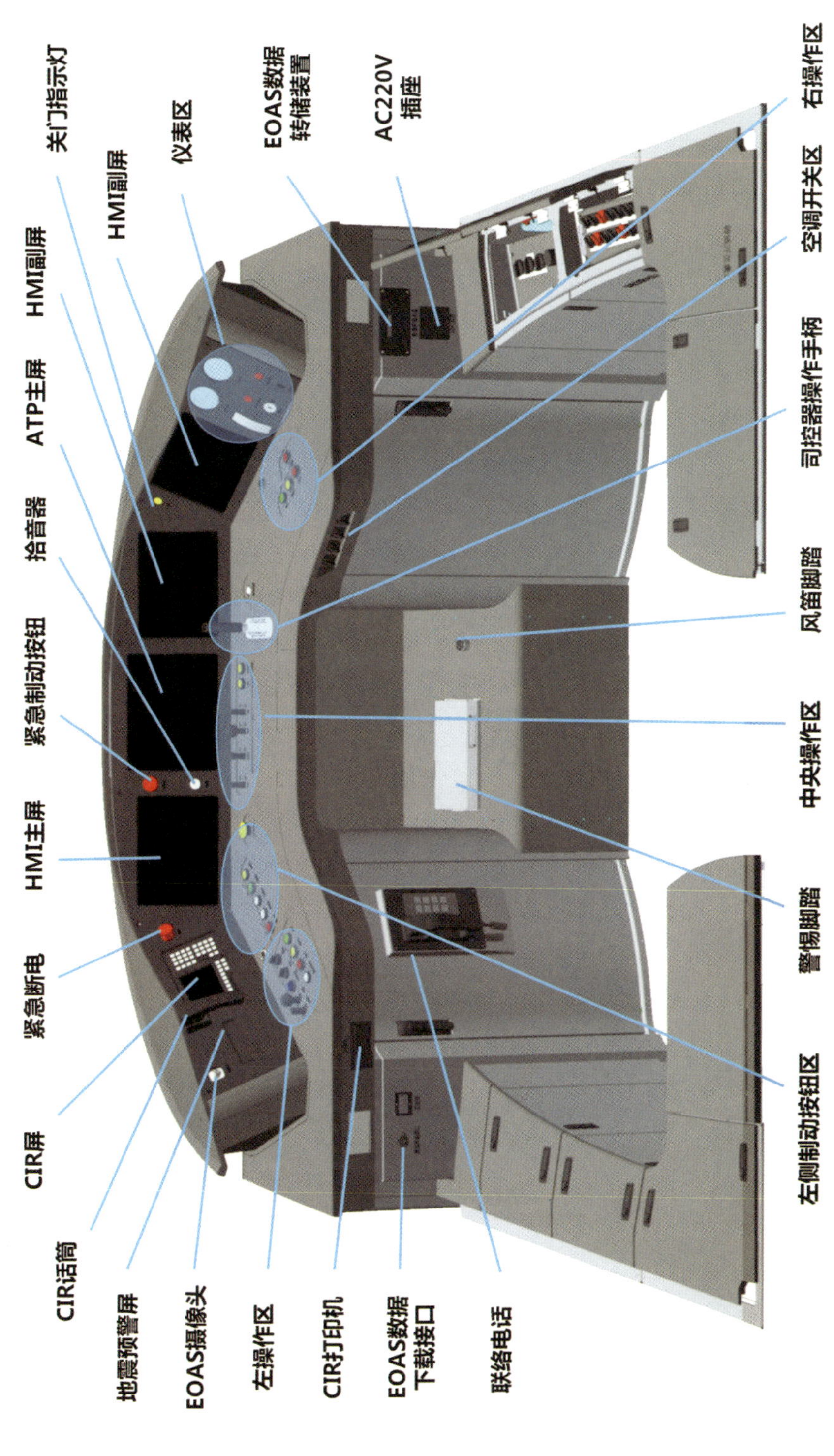


⊙ 中国标准动车组司机操纵台

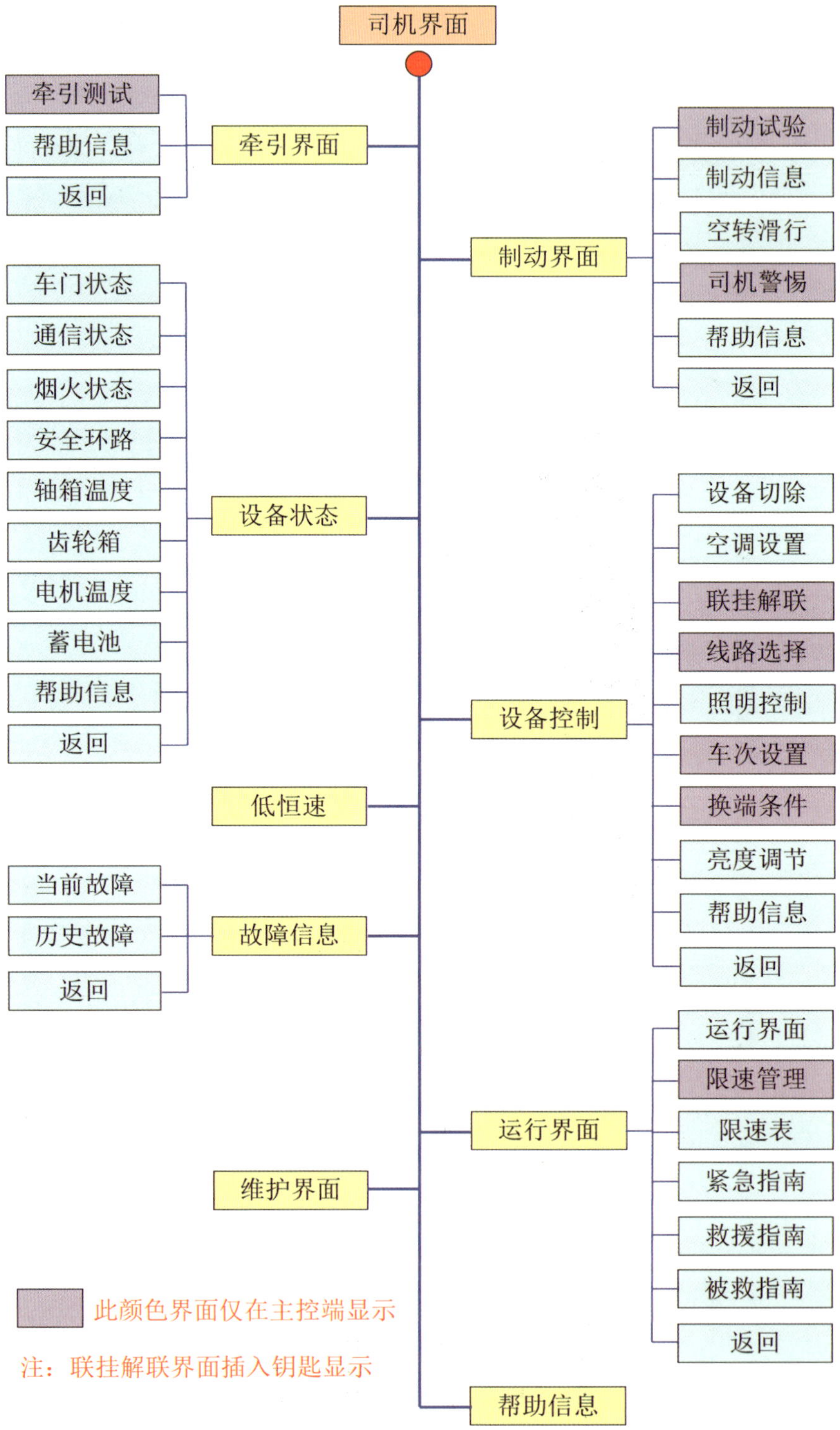

- 司机界面
  - 牵引界面
    - 牵引测试
    - 帮助信息
    - 返回
  - 制动界面
    - 制动试验
    - 制动信息
    - 空转滑行
    - 司机警惕
    - 帮助信息
    - 返回
  - 设备状态
    - 车门状态
    - 通信状态
    - 烟火状态
    - 安全环路
    - 轴箱温度
    - 齿轮箱
    - 电机温度
    - 蓄电池
    - 帮助信息
    - 返回
  - 设备控制
    - 设备切除
    - 空调设置
    - 联挂解联
    - 线路选择
    - 照明控制
    - 车次设置
    - 换端条件
    - 亮度调节
    - 帮助信息
    - 返回
  - 低恒速
  - 故障信息
    - 当前故障
    - 历史故障
    - 返回
  - 运行界面
    - 运行界面
    - 限速管理
    - 限速表
    - 紧急指南
    - 救援指南
    - 被救指南
    - 返回
  - 维护界面
  - 帮助信息

此颜色界面仅在主控端显示

注：联挂解联界面插入钥匙显示

⊙ 中国标准动车组司机室显示屏结构树

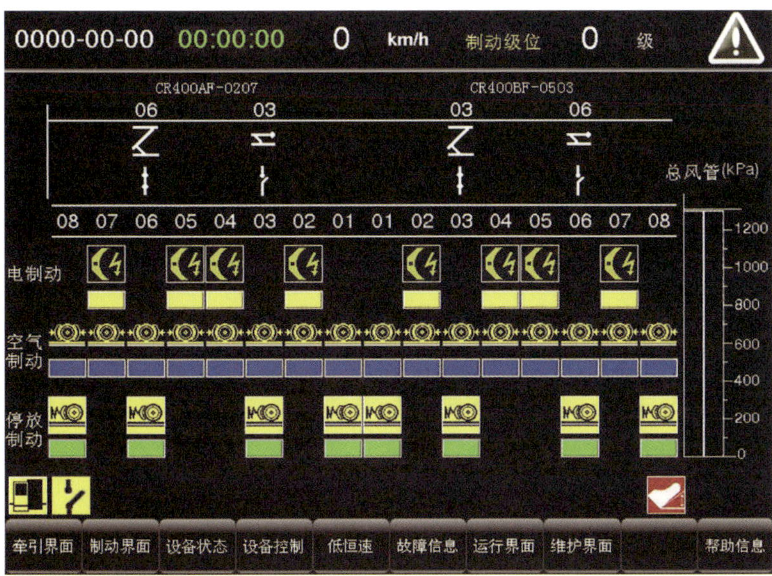


⊙ 制动主界面示例

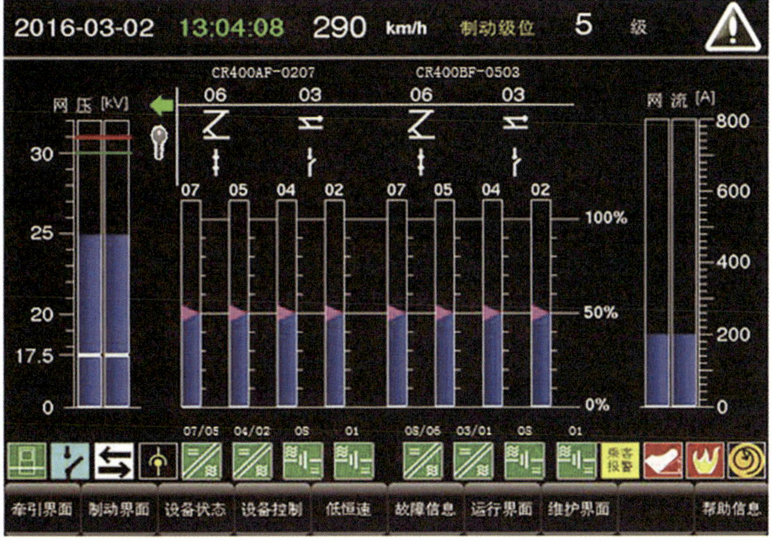


⊙ 牵引主界面示例

旅客界面的统型主要基于旅客的乘坐体验和运用部门的需求，因此，研发团队在中国标准动车组技术条件编制过程中进行了大量的调研，并发放了大量征求意见表，在整理分析各种反馈意见的基础上确定了旅客界面统型的内容。主要包括：客室尺寸及座椅布置、座位信息显示、行李架的布置、车端设施的布置（包括卫生间、盥洗室、电热开水器等）、客室端部信息显示布置及显示内容、客室电视布置、车外信息显示布置位置及显示内容等。

## 四、零部件统型

通过开展动车组零部件标准化统型工作，实现多家生产的动车组零部件通用互换，打破动车组零部件的供应垄断，减少备品备件数量，全面降低动车组购置及检修运用成本。动车组零部件统型主要包括三个方面内容，一是确定统型目标，制定统一的零部件技术条件；二是按照统型技术条件绘制统一的零部件接口统型图纸；三是根据统型技术条件和图纸规定，对零部件统型互换的符合性进行验证。

在充分研究、调研论证的基础上，兼顾考虑既有动车组运用检修现状，确定了11大系统96项统型零部件清单，

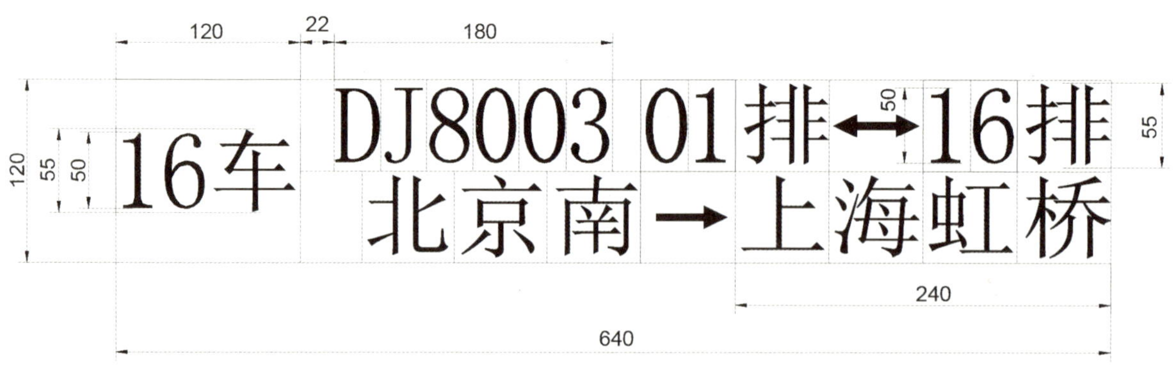


⊙ 中国标准动车组车外信息显示布置

通过对既有现状调研和技术方案比较，经过数百次讨论分析，研究确定了近百个统型的技术方案、数千份接口规范和图纸，编制了近百个统型技术条件，并经技术评审、样件试制和试验验证后，在中国标准动车组中进行了应用。

通过零部件统型工作，实现了轮对、制动盘、闸片、碳滑板等易损易耗件通用互换，实现了侧门、车窗、风挡、车钩、座椅、便器等车内设备统型互换，减少了动车组零部件检修备品备件的品种和数量，有助于降低运用维护检修成本，进而为简化和实现运用维护检修作业的标准化奠定了基础。

| 统型零部件项目清单 | |
|---|---|
| 车体 13项 | 网络控制 3项 |
| 转向架 21项 | 驾驶设施 5项 |
| 高压 8项 | 空调 6项 |
| 车内设施 11项 | 给水卫生系统 7项 |
| 辅助电气 4项 | 旅客信息系统 7项 |
| 制动系统 11项 | |

⊙ 时速350 km中国标准动车组零部件统型项目

## 第六节 中国标准动车组知识产权管理

研制中国标准动车组是落实国家创新驱动发展战略的具体行动，是实现中国铁路现代化的内在需求，是确保中国铁路技术创新能力和产品水平保持世界先进的必要手段，也是加快中国铁路“走出去”的迫切需要。

研制中国标准动车组需要实现技术自主化，基于中国高铁技术引进、消化、吸收、再创新的发展路线，知识产权成为中国标准动车组研发过程中不可回避的话题。随着高铁产业在国内外的快速发展，以及全社会知识产权意识的普遍提高，中国高铁技术的知识产权风险、特别是在海外遭遇知识产权风险的可能性也随之提高。为了稳步推进中国铁路“走出去”战略，扫除知识产权障碍，破解国外技术封锁，规避知识产权风险，及时有效的知识产权工作显得尤为必要。

另一方面，中国高铁技术总体迈入世界先进行列，部分领域达到世界领先水平，应重视自主科研成果的保护。如何围绕中国高铁技术在国内外进行及时有效的知识产权保护，进一步激励科技创新，也是中国标准动车组知识产权工作的内在要求。

## 一、知识产权管理策划

中国标准动车组作为中国高速铁路重大技术装备，中国铁路总公司高度重视其知识产权的管理和保护。为拥有自主化的知识产权，在中国铁路“走出去”过程中突破知识产权壁垒，顺利输出中国铁路装备，有效保护中国自主创新成果，中国铁路总公司在中国标准动车组研制过程中开展了大量及时有效的知识产权管理与保护工作。

中国标准动车组的知识产权工作，是中国铁路第一次系统组织开展的重大科技项目全流程知识产权管理工作。从研发制造、试验检验到运营维护的不同阶段，系统部署，协调推进，与技术攻关同步组建知识产权工作组，对知识产权进行国内外风险的分析与布局，开展专利价值的评估与自主知识产权认定，尝试知识产权运营，制定国际标准等，有效保护了中国标准动车组的自主创新成果。

2014年，由中国铁路总公司科技管理部主导、铁科

⊙ 开展的知识产权科研课题

院牵头，在中国标准动车组研制工作中专门设立了知识产权工作组，确立了专利管理要求，加强知识产权管理的顶层设计：首先，中国铁路总公司围绕中国标准动车组项目的技术条件研究、技术方案制定，牵引、制动、列车网络控制等关键系统研发及整车研制安排了一系列科研课题，并要求在课题合同中明确相关专利归中国铁路总公司和相关单位共同所有；其次，中国铁路总公司对研发与专利工作的紧密结合高度重视，将专利侵权风险分析报告和专利申请布局报告作为中国标准动车组总体技术方案、子系统技术方案以及相关规范评审的重要内容；最后，在开展知识产权管理的同时，必须强调保密工作，保证形成专利的创新技术成果在申请专利以前，任何人不能以任何形式公开，为保护中国标准动车组的自主创新成果、防范知识产权风险提供了支撑。

## 二、知识产权布局

为此，工作组进行了认真分析，认为：国外高铁制造企业在开展专利布局时，必然会紧密围绕自身核心产品，根据企业未来市场的发展情况规划布局地域，注重在关键技术点上申请专利，设置知识产权陷阱，以此积极防御竞争对手。

在风险分析基础上，知识产权工作团队根据上述情况组织开展了中国标准动车组专利布局工作。根据已完成的动车组技术分解体系，以及技术创新的研发重点、国外企业的布局热点、国家标准的制修订动态、专利权利主张的难易程度等因素，综合确定了专利布局思路和重要技术点，并印发了《中国标准动车组关键技术专利申请指南》，为铁路科研机构和相关主机厂开展专利申请与布局指明了方向。各研发单位根据专利申请指南，梳理分析了

既有专利，提出了新的专利申请计划。

在中国标准动车组试验阶段，知识产权工作组对各主机厂及供应商的既有专利和新申请专利进行全面梳理，进行了中国标准动车组专利价值评估与自主知识产权认定。

知识产权工作团队组织业内顶尖专家与知识产权专业机构，研究制定中国标准动车组知识产权评估体系，对中国标准动车组新申请专利进行全面的价值评估与分析，进一步确定了中国标准动车组相关专利的价值情况，并初步筛选出可进行海外布局的专利。

随后，在中国标准动车组正式投入使用前，中国铁路总公司委托国家知识产权专业服务机构对其进行了自主知识产权认定。这是在前期知识产权风险防控与保护工作的基础上，对中国标准动车组关键技术点的又一次深入“体检”，通过对相关技术点的专利检索与分析，能够有效检验中国标准动车组知识产权的自主创新程度，提升国人对中国铁路自主研发装备的技术自信，对宣传中国高铁发展成就、保障中国铁路“走出去”项目的顺利实施具有重要意义。

在推进中国标准动车组知识产权工作中，研究团队以支持企业实现经营目标为出发点，充分评估海外专利布局产生的经营成本与预期收益，合理选择专利布局目标市场和重点技术领域，科学确定专利布局策略，有针对性地开展海外专利布局工作，从而实现企业实际利益最大化，为中国铁路“走出去”提供知识产权保障。中国标准动车组在国内商业运营后，研究团队指导相关企业，针对“一带一路”合作意向国，结合其知识产权法律环境以及当地的专利布局现状，甄选优势技术，开展有针对性的海外专利布局，并已取得相应国家的专利授权。

除了海外专利布局，还探索和研究利用已有的大量知识产权来直接产生收益，让大量专利“活”起来。一方面，中国铁路总公司指导相关铁路企业开始尝试在海外项目中，通过合理选择技术输出模式实现知识产权收益，例如建立合资公司、进行技术许可等。另一方面，在国内市场，采取多种知识产权运营方式实现知识产权收益，如通过共同许可、委托许可等方式，开展共有知识产权的国内运营。

## 三、关键专利点规划

一列时速350 km的高铁列车大概由50多万个零件组成，如何从这50多万个零件中梳理出清晰的知识产权界限是一件极富挑战性的工作。中国铁路总公司专门安排课题，组织铁科院、主机企业等单位的专家团队进行详细的梳理，重点明确哪些零部件必须自主化，已经获取了哪些知识产权，哪些专利已经被国外厂商技术垄断，以及针对性采取哪些应对措施。在调研总结已有动车组运行经验的基础上，结合中国实际运用的需求，研究制定中国标准动车组技术条件，构建中国标准动车组技术体系。然后，对该技术体系进行标准化、结构化的分解，确定中国标准动车组由哪些关键技术构成，从而梳理技术脉络，划分各技术领域中的技术分支和技术点。最后，研究确定需要重点研究的核心技术点。

针对中国标准动车组的“大脑和神经中枢”——列车网络控制系统，专家通过研究共划分212个技术点，分类深度达7级，其中的27个重要技术点，是需要重点创新研发的技术点。

对于中国标准动车组的“心脏”——牵引系统，共划分214个技术点，分类深度也达7级，重要技术点30个。制动系统共划分118个技术点，分类深度达5级，重要技术点

26个。转向架领域共划分116个技术点，分类深度达5级，重要技术点34个。车体技术领域共划分147个技术点，分类深度达6级，重要技术点16个。

⊙动车组专利申请指南

针对中国标准动车组关键技术，共梳理出807个技术点，其中需要重点关注的核心技术点有133个。梳理完成关键技术点后，对已有专利进行检索，以判断有无专利风险，并提出应对措施。

## 四、专利风险防控

在知识产权竞争日趋激烈的市场环境中，铁路企业面临的专利侵权风险也逐渐增加。铁路产品在国内外市场没有专利侵权纠纷，并不代表没有专利侵权风险。通常在产品投放市场前，企业应针对产品进入特定市场开展专利侵权预警分析，提前采取措施规避相应的专利侵权风险。

需要说明的是，专利侵权预警分析具有一定的局限性。例如，一项发明创造从专利申请之日到信息公开之日通常会经过一段时间，检索时无法涉及尚未公开的专利申请，而这些专利申请有可能在日后获得授权。理论上，铁路产品开展专利侵权预警分析工作后，仍可能面临潜在的侵权风险。

在中国标准动车组研发过程中，知识产权工作组为降低或规避专利侵权风险，主要采取了两方面措施：一是严格要求研发人员不得利用外方享有知识产权的引进技术，并对技术方案与引进技术进行比对，发现问题立即修改；二是在全球范围内检索国际铁路企业的专利情况，主动进行侵权风险分析和评估，对可能侵犯他人专利权的技术，必须进行规避设计，以确保未来能够顺利“走出去”。

目前，时速350 km中国标准动车组在列车总成、车体、转向架、牵引变压器、牵引变流器、牵引控制、列车控制网络系统、制动系统等技术领域全面掌握且拥有自主知识产权，达到国内领先和国际先进水平。

中国铁路掌握了中国标准动车组的自主知识产权，也就有了制定标准的能力；掌握了制定标准的决策权，也就有了先发优势，证明我国有能力按照市场的需求去研发高速动车组。

# 第三章 中国标准动车组制造与试验

ZHONGGUO BIAOZHUN DONGCHEZU ZHIZAO YU SHIYAN

2014年3月25日，中国铁路总公司科技管理部、运输局印发《时速350公里中国标准动车组样车研制工作方案》，确定了样车研制工作方案和推进计划，正式开启中国标准动车组样车方案设计、样车制造、试验验证各项工作。

## 第一节　中国标准动车组样车制造

2014年6月19日，国家发改委下发《国家发展改革委关于中国标准高速动车组及高铁关键装备研发试验工程项目可行性研究报告的批复》，对中国标准动车组的示范工程项目进行了批复，中国标准动车组研制获得了国家项目的支持。

2014年9月1～4日，中国铁路总公司组织召开了中国标准动车组设计方案评审会，对前期工作基础、取得成果等方面进行了总结分析，并从产品质量、降低运用成本、加强组织领导等方面对下步工作提出了要求。

2014年10月30日，中国铁路总公司下达了《时速350公里中国标准动车组实施阶段推进方案》，明确了样车研制的要求、质量目标，建立了样车研制过程中的推进和检查制度。中国标准动车组项目进入施工设计及样机试制、试验、整车组装及调试下线阶段。

2014年9月～2015年6月，主机企业实现样车制造工艺创新，工装设备创新、工艺流程优化创新，完成了样车试制工作，关键性工作主要如下：

一是根据设计方案及评审意见，开展了模型车设计和制作，同时开始样车施工设计，完成车体、转向架、总装、电气原理图和配线图设计文档。

二是编制完成制造技术条件、试验大纲和系统部件供货技术条件，组织车体、转向架、系统部件试制和试验验证。

三是生产完成时速350 km中国标准动车组样车车体和转向架；完成样车总装、试验调试。

为保证样车研制进度，相关配套企业，尤其是牵引、制动、列车网络控制等关键系统制造企业，在前期核心技术攻关突破的基础上，提前布局，积极工作，根据整车要求开展了接口设计、样机研制、试验验证等工作，确保了整车研制进度。

中国标准动车组样车设计、制造过程中，在中国铁路总公司和项目组的组织下，共召开项目推进专题会议158次，细化了总体及各子系统的技术要求和指标，推进了互联互通及零部件统型互换方案的完善和实施，阶段审查了关键系统、零部件技术方案。

从2012年底正式启动研制工作，到2015年6月30日中国标准动车组样车顺利下线，参与研制的单位严格按照技术条件和相关标准，对列车所有部件均进行了试验验证，全部达到设计要求。

中国标准动车组的样车根据确定的技术条件，采用系统集成及标准化、系列化、模块化设计，遵循确保安全、方便使用、降低成本、节能环保的原则进行了样车试制。这款全新动车组的设计制造过程，彰显了中国装备制造企业的高端设计制造工艺水准。

## 一、完善的设计技术手段

中国标准动车组在设计过程中，围绕高速列车全寿命周期的可靠性目标，通过顶层技术指标分解和循环迭代的设计方法，准确识别内外部设计边界，执行方案设计、技术设计、工艺设计、施工设计、样车试制、试验验证、设

计改进、批量生产以及检修技术研究与评估的全闭环管理流程，以综合仿真、地面试验、型式试验、联调联试、运用考核为验证手段，保证系统的整体性能并持续优化改进。

设计开发应用了三维工程化集成设计，采用VR虚拟仿真技术、基于实测轨道谱的动力学建模与仿真平台、全尺寸车体高速碰撞试验台、整车滚动综合性能试验台、网络控制地面试验台、电磁兼容试验台、静强度和疲劳强度试验台、人机工程地面试验台，以及设计、工艺及质量一体化控制体系。典型设计手段如下：

VR虚拟仿真：通过样车可视化仿真，1∶1模拟车辆及真实环境，可实现多人交互、多视角观看、异构虚拟现实系统互联、异地协同等功能。可实现工程数据快速导入，

⊙ 应用VR虚拟仿真技术进行设计展示

并对三维模型进行立体展示和实时交互，完成造型方案对比、车内空间布局、表面材料效果仿真验证、灯光效果仿真验证等交互体验；通过人体建模、人体追踪等虚拟现实技术，验证产品设计的人机工程学符合性；应用高度沉浸感的显示技术，呈现视觉、触觉、听觉全方位多角度立体化沉浸式效果；应用虚拟拆装、测量、剖切、干涉等功

能，辅助产品设计实现最佳装配工艺流程。

基于实测轨道谱动力学建模与仿真：采用实测线路谱，结合试验台实测的大部件结构参数，建立中国标准动车组车辆动力学模型，并与同等边界下的同速度等级既有动车组动力学性能对比分析，对转向架悬挂参数进行优化，提出转向架最优悬挂参数。

全尺寸车体高速碰撞试验台：为系统验证动车组防碰撞被动安全设计，构建了集成驱动系统、摄像系统、测试系统和照明系统的具有国际先进水平的碰撞试验台，具备元件级、部件级、整车级的碰撞设计全流程验证能力，整车最高试验速度达到72 km/h。通过全尺寸车体高速碰撞试验验证了中国标准动车组防碰撞被动安全设计的有效性。

⊙ 转向架参数试验台

⊙ 全尺寸车体高速碰撞试验

## 二、高超的制造工艺技术

制造就是将列车“蓝图”变成“现实”的过程。通过对中国标准动车组技术方案进行系统分析，统筹接口关系，整个列车制造被分解成车体、转向架、总组装、试验调试四大部分，四大部分各成一体又相互关联，每一部分均涉及焊接、机加工、粘结、表面处理、装配、电气等专业技术，每一部分被分解成紧密联系的工序，最终每个工序被分解成易实现、经济、可靠的最小作业单元，通过各种管控手段完成每个最小作业单元，最终完成列车制造。

为高标准完成中国标准动车组样车的制造，主机企业

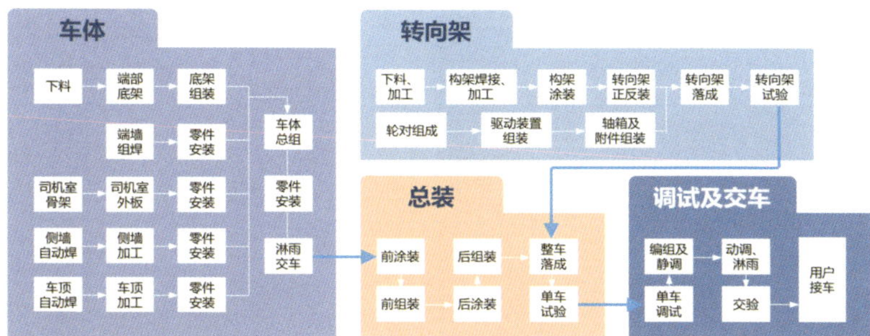

⊙ 车辆制造工艺流程图

⊙ 转向架总成车间

在既有制造技术平台上进行了创新，同时在工艺制造方面遵循五大原则：一是优先采用成熟生产工艺的原则。新的工艺应用前必须进行充分的试验验证；二是工艺继承性原则。应尽可能继承已生产产品的工艺，以减少工艺装备配置数量，缩短技术准备周期，控制产品制造成本；三是先进性与经济性相结合的原则。积极采用先进的工艺技术，兼顾经济性，采取节约能源、原材料、降低消耗和保护环境的工艺措施；四是工艺标准化原则。做到工艺文件标准化、工艺要素与工艺参数标准化、工艺装备标准化、工艺管理标准化等；五是平台化、可复制原则。将整个动车组制造打造成流水线平台，固化工艺设计过程、人员培训方

⊙构架自动焊接柔性化生产线

式、工艺质量管控手段、工艺方法、开放式的技术应用及螺旋式的质量提高制度，中国标准动车组制造平台可推广、复制应用于其他车型及工厂使用。

中国标准动车组车体流水线采用柔性通用可调工装，全部机械化作业，车体焊接研发了车体搅拌摩擦焊焊接工艺和装备，首创焊缝打磨选材和曲面焊缝跟踪技术，车体重要焊缝采用机械手焊接及机器人打磨，实现2小时内产品转换；转向架装配及轮对组成采用自动化制造流水线，构架组成采用自动焊接、自动打磨、三维测量；总组装采用模块化组装的理念，在工艺装备方面，其电线小料、导通、耐压、称重、淋雨、气密、调试等设备均采用智能化装备，在针对压接特殊过程、电气连接等方面，形成了适应于轨道交通集成化作业的管控体系，车下吊挂件等关键工序采用自动定扭拧紧装置，管路加工、组装、测量、试验成体系化管理；表面处理采用机器人作业。

制造工艺实施前需先试验验证，验证后再上车，以消除产品制造过程中的潜在隐患；采取工装、样板、标识等防错措施，降低人为因素对质量的影响；强化过程质量控制，提升检测手段，按照工位制定工艺保证措施，细化检验方法，配备检验器具；每个工序完工后均进行工序确认，特殊工序提前开展验证。

中国标准动车组的车体、总装和电气工艺在制造过程中的技术难点主要包括以下方面：

1. 车体工艺技术难点

相比和谐号，中国标准动车组车体结构变化较大。在中国标准动车组方案设计阶段，工艺人员就提前介入，从工艺角度分析结构设计的合理性，按照工艺可实现性优化结构设计。研究解决了车钩安装座采用摩擦搅拌焊工艺的问题，确定了头车牵引梁结构，解决了司机室型材三维成型件加工复杂的问题，改进了零部件的结构以提高其加工工艺性等。同时，进行了零部件的工艺设计及所需工装的设计，有效地缩短了工艺审查周期和工艺准备时间。

中国标准动车组的头车结构复杂、头部更加细长、棱线多，控制车体变形是工艺技术难点之一。为解决此问题，工艺师们多措并举，首先将车钩安装座、气密墙、端墙板等影响变形的主要焊缝采用了搅拌摩擦焊，接头强度和疲劳强度得到较大提高，残余应力峰值明显降低，焊接变形量仅为熔焊的20%，有效降低了焊接变形；其次采用反变形工艺设计，通过试验验证获取反变形控制参数及工装；另外，对车体关键部件开展了热时效、超声波冲击、频谱谐波时效、喷砂等多种降低焊接残余应力方法研究，应用喷砂后生产的枕梁残余应力相比以前车型明显降低。

⊙ 动车组车体结构

通过多种方法的实施，有效降低了车体变形，保证了车体质量要求。

2. 总装工艺技术难点

总装是车辆制造工艺过程中的中间环节，是把经检验合格的50多万个零件，按规定的精度标准和技术要求组合成整车，并经严格的检测程序，确认其是否合格的整个工艺过程。在装配过程中，零部件数量不断增加，并相互有序地结合起来。零部件、总成之间进行有序结合，最后形成完整样车。

车辆装配工作大部分需要人工或半人工方式完成，工人的操作技能对于保证装配质量至关重要。总装作为制造的关键过程，其工艺性合理与否直接影响到车辆品质、生产周期和制造成本。

⊙ 安装隔音材料

⊙ 安装受电弓

3. 电气工艺技术难点

中国标准动车组产品在制造过程中，需要解决外供件以及设计、施工中出现的各种问题，同时还面对调试周期紧、难度大的问题。其中，在中国标准动车组样车制造过程中，单车调试共解决技术问题154项，单元调试和整列调试解决技术问题208项，保证了样车的顺利完成。

中国标准动车组电气系统复杂程度高，在单车状态下对电气系统控制逻辑和功能进行试验验证，要求试验策划

全面，工艺装备能满足复杂的控制逻辑要求。为了对动车组进行重联试验，确保重联控制逻辑的正确性及车辆与重联联锁系统功能的正常，专门开发了重联系统试验装置，可模拟编组车辆进行重联后的功能试验。

## 三、先进的制造技术装备

工欲善其事，必先利其器。在中国标准动车组样车制造过程中，主机厂及相关企业采用了很多先进的制造技术装备。

### 1. 数字化数控工艺平台

在数字化数控工艺平台下，转向架小件实现了计算机辅助制造，编制的大部件加工程序可通过软件实现与数控机床环境高度一致的加工与干涉模拟仿真，所有程序均可通过软件实现数控程序的离线传输，操作者可根据生产需要，随时从服务器上下载已生效的加工程序。

数字化数控工艺平台的数控加工编程软件系统，仅需输入三维模型和选择合适的刀具参数，即可获得最佳的加工方案，从而提高加工效率，减少手工修整，快速产生粗、精加工路径，并可实时完成方案的修改和重新计算，缩短刀具路径计算时间，还可实现对2~5轴的数控加工，包括刀柄、刀夹进行完整的干涉检查与排除。具有集成的加工实体仿真功能，可在加工前了解整个加工过程及加工结

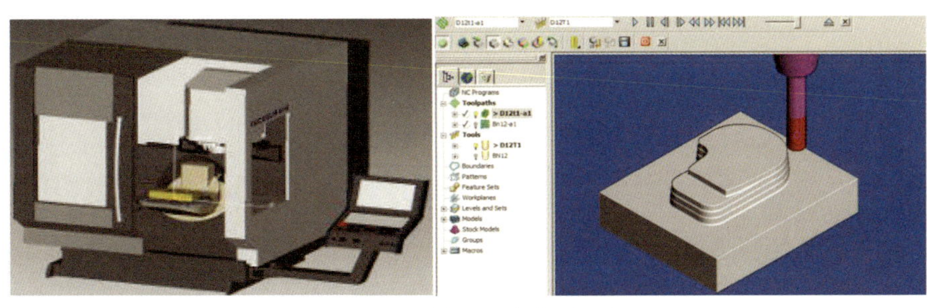

⊙数控加工模拟仿真软件系统

果，节省加工时间。

数字化数控工艺平台软件不仅可仿真数控车床、铣床、加工中心、线切割机床和多轴机床等多种加工设备的数控加工过程，也能进行数字控制程序优化，缩短加工时间、延长刀具寿命、改进表面质量，检查过切、欠切，防止机床碰撞、超行程等错误。此外，具有真实的三维实体显示效果，可以对切削模型进行尺寸测量，并能保存切削模型供检验、后续工序切削加工。

建立转向架制造中心数控机床分布式数控网络，制定了机床监控方案，实现了数控程序通过无线数控机床分布式数控网络传输、备份的功能。改变了原来的数控管理模式，使机床通讯效率大大提高，程序管理逐步系统化、标准化。由于程序传输的高效性、准确性，大大减少了数控机床的待机时间，降低了零件的废品率，发挥了最大的经济效益。

### 2. 智能化转向架装配线

转向架柔性装配线可实现转向架组装、落成和料件运输的自动化，是将设备布置与工艺流程有机结合形成的一种布置方式，其主要优点为：物料搬运距离短，物流效率高；人工无效移动时间短，工位间衔接紧密；准备时间短；具有较高的柔性。整个产线以物料自动化出入库系统、智能移动平台、智能化天车为物料流转的核心，通过

⊙ 转向架柔性装配线

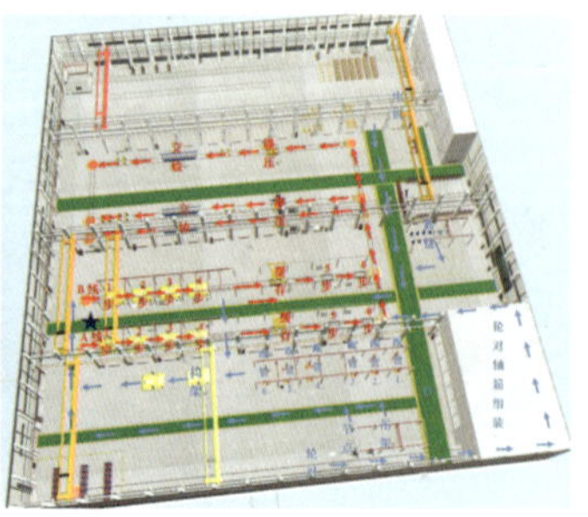

⊙ 节拍化生产工位图

生产车间生产管理系统对现场的多种生产模式进行调度，实现转向架装配的高效生产。

### 3. 数字化制造与调试平台

转向架的组装采用了人机互动、在线质量监控的模式，构建了转向架智能组装流水线。车体采用自动焊接机器人、喷砂机器人、打磨机器人以及三维快速检测设备实现“机器换人”理念，保证了制造质量。动车组编组调试采用无线网通讯，借助智能终端设备，通过中心管理平台完成试验任务分配、流程管理及数据的采集分析，实现调试全过程的数据自动采集与分析。

⊙ 转向架数字化装配流水线

⊙ 动车组车体自动化焊接

### 4. 智能监造系统

为了加强中国标准动车组制造的监造工作，实现监造工作的信息化、智能化、标准化和全过程管控，利用先进的信息技术手段，建设了中国标准动车组标准化智能监造系统和智能监造检测中心，自动接入企业智能化设备及系统检测、监测、生产、质量等数据；实现与铁路机车车辆监造验收管理系统、铁路动车组管理信息系统、铁路动车组技术变更系统等相关系统之间的信息共享及综合应用。通过对中国标准动车组监造全过程信息的实时采集、动态监测、质量研判、工序流程卡控、缺陷整改及闭环处置，实现智能化、标准化监造管理，整体提升中国标准动车组监造效能。

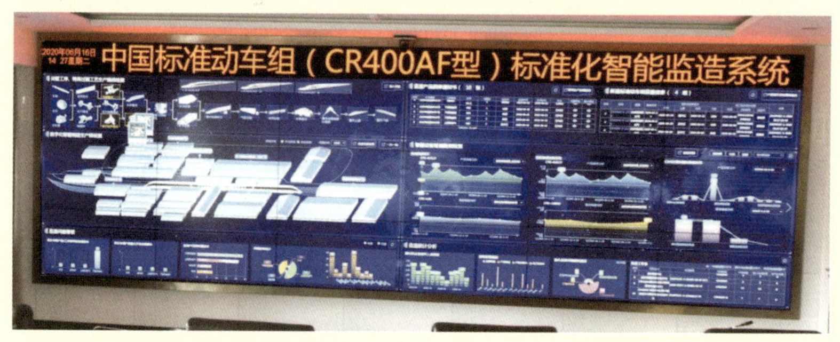


⊙ 中国标准动车组智能监造系统

## 第二节　中国标准动车组试验策划

中国标准动车组样车出厂之后，需要通过试验确认是否达到了设计目标，才能够批量生产、上线运营。在设计之初，中国铁路总公司就统筹考虑和组织策划了试验验证方案，并根据工作推进不断丰富和完善。

### 一、开展试验验证的必要性

试验验证是完成相关法定程序的需要，也是科学探索，掌握规律和提升技术的需要。按照交通运输部《铁路机车车辆设计制造维修进口许可办法》、国家铁路局《铁路机车车辆设计制造维修进口许可实施细则》、中国铁路总公司《铁路机车车辆设计定型管理办法》等相关要求，设计新型机车车辆取得型号合格证的必要条件包括：关键零部件和样车通过型式试验，以及样车运用考核及解体检查合格。

型式试验是动车组产品开发过程中必不可少的一项内容。通过对一个或多个设备、系统或整车进行的型式试验，验证其设计能否满足规范和相关标准的要求，并对其进行合格性评定。我国标准规定，系统和部件型式试验需要在装车前完成，主要包括基本参数以及强度、振动冲击、电磁兼容、环境适应性、绝缘耐压性能等检验，组合

系统还应进行系统联合试验；整车型式试验主要依据《高速动车组整车试验规范》《时速350公里中国标准动车组暂行技术条件》等文件要求，对动车组的安全性指标、舒适性指标、基本参数及主要技术性能进行验证和合格性评价。

运用考核包括运行考核和作业考核，是指样车按照实际运行和作业要求通过规定里程和时间及负荷率所进行的考核，重点对中国标准动车组各系统和部件的适应性、稳定性、可靠性及制造质量等方面进行评价。

解体检查是指样车达到运用考核规定里程和时间及负荷率后，对样车进行分解检查并进行测试评定。

整车试验一般都在实际线路上进行，需要多部门协同配合、涉及大量人力物力投入。在完成型式试验和运用考核等法定必须试验的基础上，合理利用资源，统筹兼顾开展一些科学研究性试验，包括系统科学试验、关键系统及部件服役性能研究试验和互联互通功能验证试验，不仅对深化中国高速铁路在轮轨关系、弓网关系、空气动力学等方面的基础理论研究和完善相关技术标准体系具有重要意义，还可为高速铁路核心技术攻关和运营管理提供技术支撑。

## 二、试验验证方案的细化调整

中国铁路总公司于 2013 年 11 月批复了《大西铁路客运专线原平西至太原段高速综合试验大纲》。随着中国标准动车组研制工作的不断推进，系统方案和技术参数不断明晰，作为试验研究基本指南的试验大纲也应不断细化和完善，以更好地满足中国标准动车组试验验证需求。

为此，在批复大纲的基础上，铁科院牵头组织四方股份和长客股份等单位共同研究，对中国标准动车组相关试验项目进行调整，并补充细化了相关测试内容和方法。例如，细化了

中国标准动车组系统科学试验内容、增加了互联互通功能验证试验和关键系统及部件服役性能研究试验项目等内容。

2015年4月16日，中国铁路总公司印发了《中国铁路总公司关于调整大西客专原平西至太原段高速综合试验大纲部分内容的通知》，批复了试验大纲中的调整内容，标志着中国标准动车组的试验验证方案基本确定。

## 三、试验验证方案的具体内容

中国标准动车组试验内容主要包括四大板块，一是关键系统和零部件地面试验，二是整车型式试验，三是科学研究探索试验，四是动车组的运用考核试验。

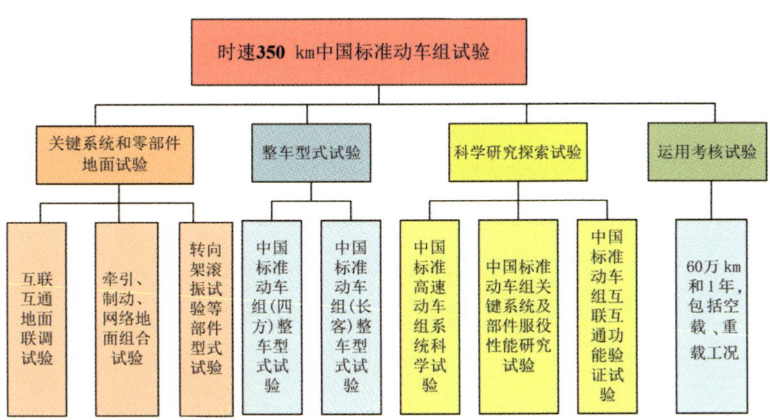


⊙ 中国标准动车组试验验证方案

关键系统和零部件地面试验需要在装车前或整车下线出厂前完成。按照相关标准和技术条件要求，主要对车体、转向架总成及其部件、牵引系统及其部件、制动系统及其部件、列车网络控制系统及其部件、受电弓及高压系统部件、车钩及缓冲装置、车门和空调等47类部件或子系统进行型式试验，同时还需要开展牵引系统、制动系统和列车网络控制系统地面联合试验，以及互联互通地面联调联试等任务。

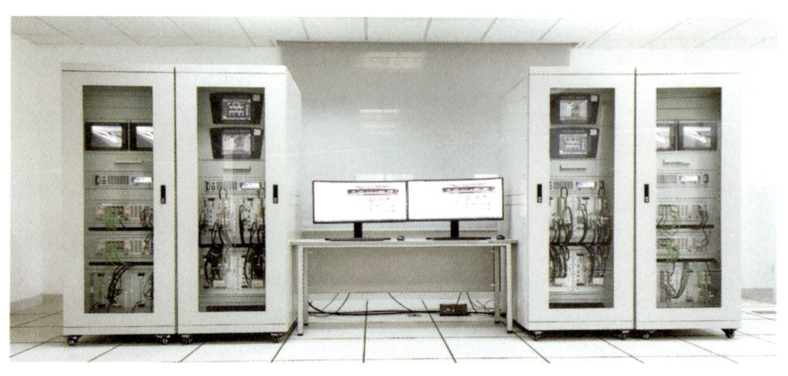

⊙ 动车组互联互通试验室

整车型式试验分别在两列中国标准动车组样车上进行，主要包括牵引性能、制动性能、动力学性能、空气动力学、噪声、弓网受流、高压、电磁兼容、气密性、列车网络控制系统、称重、限界、照度、过分相、重联、空调等66项试验内容，最高试验速度385 km/h。

中国标准动车组科学研究试验包括系统科学试验、关键系统及部件服役性能研究试验和互联互通功能验证试验。其中，系统科学试验包括动力学响应及振动传递关系、车辆振型和模态、制动控制策略与电空匹配、车内电磁兼容等12类试验内容；关键系统及部件服役性能研究试验包括制动系统及部件服役性能、牵引与辅助系统服役性能、转向架主要部件载荷特性及动应力长期跟踪、整车模态和振动性能跟踪、轮轴综合运用性能等12类试验内容；互联互通功能验证试验包括联挂和解编，重联状态下网络性能、牵引性能、制动性能、网侧谐波、弓网受流、通过小曲线能力、过分相、故障导向安全等共计19项试验内容。

按照《中国铁路总公司铁路机车车辆设计定型管理办法》，运用考核试验分别在两列中国标准动车组样车上进行，需要累计进行1年、60万 km运用考核，其中，要求最高速度级运行里程达到40%、重车运行里程达到50%。

# 第三节　中国标准动车组整车试验

## 一、铁科院环行铁道试验

2015年7月1日，中国标准动车组在铁科院环行铁道试验基地正式拉开试验验证的序幕，主要任务是完成单列性能调试、互联互通功能实车调试，进行各项试验设备安装与调试等准备工作，开展静态、160 km/h及以下速度级的型式试验和互联互通功能验证。通过上述工作，对中国标准动车组的基本性能进行调试和验证，并提前做好各项试验准备，为后续在高铁正线上的高速试验奠定基础。

动车组的单列性能调试在2015年7月1日～16日进行，调试内容包括整车控制逻辑、牵引和辅助供电、制动性能、网络控制系统、故障导向安全功能等。单列性能调试结果达到设计目标，具备了开展后续试验验证工作条件。

互联互通功能实车调试在2015年7月17日～8月2日进行。互联互通功能实车调试目的是发现相关问题并进行优化调整，主要内容包括列车工作模式管理、各系统逻辑控制及保护、牵引和制动功能、故障导向安全功能、车门控制、旅客信息系统等共计15大类43项内容。在铁科院环行铁道试验基地实车调试中发现了动车组的联挂与解编、制动监视与诊断、故障限速、车门控制、故障代码、旅客信

息系统及广播等21项问题，因为中国标准动车组为完全自主的平台，所以能够及时对上述问题进行优化调整，最终达到了互联互通功能设计目标。

⊙ 中国标准动车组在铁科院环行铁道试验基地开展试验

2015年8月3日～14日，在铁科院环行铁道试验基地完成了动车组测力轮对、测试转向架换装等各项试验设备安装和调试，共在两列动车组样车上布置了2 700多个测点（含在动车组生产期间预布的测点），其中涉及牵引性能测点167个，制动性能测点150个，动力学测点315个，动强度测点858个，噪声与模态测点910个，空气动力学测点305个，弓网受流测点67个。如此丰富的测点设置在机车车辆试验中是前所未有的。为满足试验要求，铁科院整车试验团队还专门开发了整车综合试验平台，采用分布式网络架构，可以将全列各专业测试数据集中展示、联合分析。

⊙ 中国标准动车组综合试验平台

⊙ 车内噪声测点布置

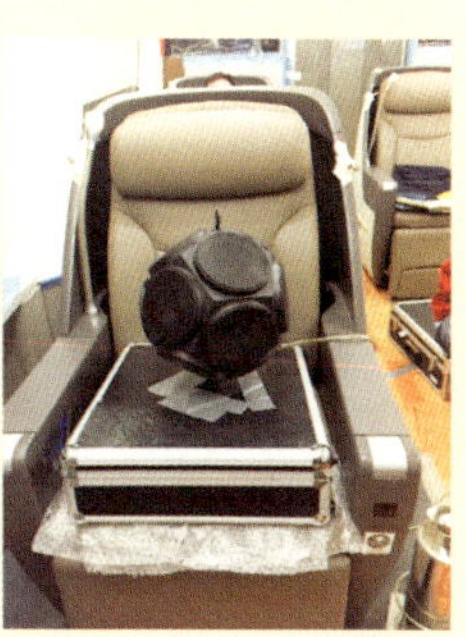

⊙ 球形阵列测车内表面噪声源

⊙ 安装车体表面传声器

⊙ 声强测试

⊙ 连续测量轮对

⊙ 空气动力学试验车体表面贴片

2015年8月10日～10月22日，进行中国标准动车组的型式试验和互联互通功能验证试验，主要开展了静态试验项目和160 km/h及以下速度级动态试验项目。已开展的各项试验结果均满足设计目标和技术条件要求，并对试验中发现和暴露的问题进行了优化调整，中国标准动车组已具备在高铁正线开展后续试验验证的条件。

在环行铁道试验基地开展的系列试验虽然只是中国标准动车组的入门体检，但在整个试验验证过程中是必须经历的，一方面，因为网压中断、网压突变、网压波动、高压绝缘等试验只能在具备试验条件的环行铁道试验基地进行；另一方面，环行铁道试验基地可以灵活安排时速160 km及以下速度等级的动态试验。由于中国标准动车组的设计运营速度为350 km/h、试验最高速度要达到385 km/h甚至更高，因此仅仅在环行铁道试验基地开展试验是远远不够的，还必须到相关高速铁路正线上开展更大规模、更高速度级的试验验证。

## 二、大西高速综合试验

大西高速综合试验开展了动车组、工务、电务等多专业的试验项目，共计10大类、80项试验，包括：动力学响应及振动传递、制动控制策略与空电匹配关系、牵引系统冷却能力、牵引能耗、转向架主要部件载荷特性及动应力等中国标准动车组型式试验和科学试验；聚氨酯固化道床、道岔安全监测、高速铁路移动加载性能等工务工程试验；时速350 km接触网参数和性能优化、牵引网供电状态测控系统等牵引供电系统试验；自主化列控系统、综合接地牵引回流测试与标准制定、CTCS智能运维设备测试、GSM-R系统电波传播特性等通信信号系统试验；中国标准动车组噪声振动源特性及传播规律、两级架构的自然灾害

及异物侵限监测系统、地震预警系统等试验。

2015年5月，大西客专原平西—太原高速综合试验段联调联试启动，以确保轨道、接触网、通信信号、牵引供电等线路基础设施达到试验条件。在中国铁路总公司组织下成立了试验指挥部，由太原铁路局负责现场试验行车组织及安全，铁科院总体牵头试验测试及计划编制，大西客专公司、长客股份、四方股份、唐车公司、西南交大、北京交大、通号公司等单位技术配合，统一组织大西高速综合试验工作。

2015年8月28日，《中国铁路总公司关于启动大西高速综合试验的通知》正式印发，大西高速综合试验工作全面启动。大西高速综合试验在试验内容、试验测试技术、试验组织管理等方面进行了一系列技术创新，不同专业试验项点有机融合，不同类型试验相互支撑，在优化计划安排、并行开展工作方面进行了精心统筹，大幅压缩了试验时间，降低了试验成本。中国标准动车组的试验验证是大西高速综合试验中的一个重要组成部分，主要开展型式试验、互联互通功能验证试验和科学研究试验工作，同步搭载进行部分运用考核和长期服役性能研究试验。

在中国铁路总公司统筹部署下，2015年10月23日两列中国标准动车组正式进驻大西客专原平西至太原高速综合试验段，大规模和更高速度的综合试验正式有序展开。为确保中国标准动车组试验顺利开展，由中国铁路总公司科技部门组织，专门将青岛四方股份原用于冲高试验的6辆编组试验列车改造成高速综合检测列车，每日试验前对试验线路进行全面检测。试验的过程，既是中国标准动车组全面验证的过程，也是发现问题，不断优化的过程。试验中，发现了动力学运行平稳性舒适度超限、曲线段车体晃动、牵引变流器软件缺陷、网络初运行故障等问题，经过深入分析逐项整改落实，持续优化提升。正因为中国标准动车组设计完全由我们自己主导，所以在出现问题时，我们自己的专家组织研究后，能够立即进行整改，不用外方参与，不受外方限制，大大提高了研发效率。

⊙ 大西高速综合试验整备

⊙ 大西噪声专项试验声阵列

2015年11月18日，中国标准动车组最高试验速度达到385 km/h，动力学性能和弓网受流性能等各项安全性指标均满足标准要求。

2015年12月～2016年2月，在大西客专高速综合试验段进行了中国标准动车组互联互通功能验证试验，涉及试验大纲中规定的19项试验内容。经参试各方共同努力，中国标准动车组互联互通功能验证圆满完成，符合技术规范要求，达到设计目标。

2016年4月10日，中国标准动车组66项整车型式试验项目全部完成，型式试验各项试验结果全部合格，标志着中国标准动车组安全性、舒适性及其他各项性能指标符合技术规范要求，达到设计目标。

中国标准动车组在完成自身相关试验验证基础上，还配合其他专业开展综合试验，比如搭载地震预警系统试验，助力中国高铁系统技术和自主创新能力全面提升。地震预警系统经过数千次全方位的演练，在试验中不断优化

⊙ 大西客专高速综合试验段中国标准动车组互联互通试验

和改进，并逐步趋于完善。

截至2016年5月，中国标准动车组在大西客专高速综合试验段上累计运行了23万 km，列车动力学性能、空气动力学、弓网受流、牵引性能、制动性能、振动噪声、电磁兼容等各项关键技术指标均表现优异，全部达到了设计要求。中国标准动车组顺利通过了大西客专综合试验段的“大考”，为下一步工作开展打下了坚实基础。

⊙ 中国标准动车组对外射频骚扰试验

大西高速综合试验是由中国铁路总公司组织的一次重大、综合性科研试验，具有试验规模大、专业全、历时长、难度大、产出多的特点。通过20余家单位、近千余名科研工作者历经5年多的科技攻关与自主创新，攻克了大型铁路综合试验设计、新型铁路自主化装备试验验证与接口优化、复杂系统长期性能演化规律试验研究等难题，取得了大量试验数据和丰硕成果，在推进我国高速铁路关键核心技术自主研发、装备现代化建设过程中发挥了重要作用。

## 三、郑徐客专科学探索

中国标准动车组在环行铁道试验基地和大西客专高速综合试验段完成了全部型式试验和互联互通功能验证试验，标志着中国标准动车组的各项性能指标达到了设计和技术条件要求，但对更高速度下技术性能和参数变化规律的探索永无止境。

⊙ 2016年7月15日11时20分郑徐客专中国标准动车组时速420 km等速交会

中国铁路总公司决定在郑徐客专进行更高速度的科学探索试验，以探索400 km/h及以上高速铁路系统关键技术

性能和参数的变化规律，深化更高速度下轮轨关系、弓网关系、空气动力学等方面基础理论研究。

2016年4～6月，中国铁路总公司组织，并由铁科院牵头，四方股份、长客股份、郑州铁路局、上海铁路局以及相关科研院校等单位参与，策划和编制了郑徐客专更高速度科学探索试验方案和试验大纲。试验主要针对中国标准动车组400 km/h及以上速度级的性能指标和关键参数变化规律进行探索研究，如对运行能耗、牵引供电性能、空

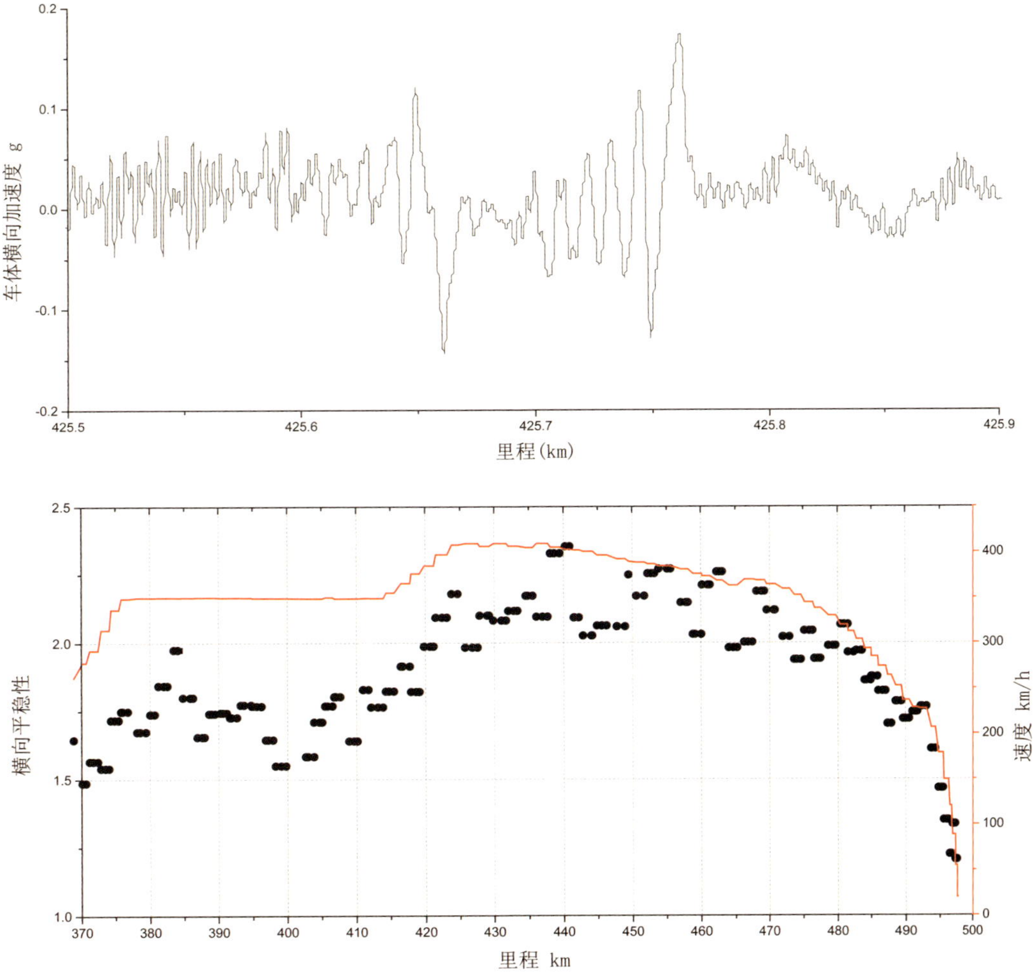

⊙郑徐客专中国标准动车组时速420 km等速交会动力学试验结果

气动力学、动力学性能、弓网受流性能、振动噪声、电磁环境影响等内容进行测试研究，同时还对轨道结构动力性能、道岔与桥梁的动力性能、声屏障结构气动性能、环境风的安全监测等方面进行试验研究。

2016年6月25日～7月15日，郑徐客专更高速度科学探索试验正式开展，主要包括以下两方面：一方面按照空车状态和额定载荷（利用配重模拟载客）两种工况，分别对中国标准动车组和其他试验列车进行单列逐级提速试验，测试试验大纲中规定的各项性能和指标，开展对比分析并归纳变化规律；另一方面对两列中国标准动车组开展更高速度的交会和重联试验。

郑徐客专更高速度科学探索试验对试验的组织管理要求更加严格。在中国铁路总公司的统一领导下，建立了统一的指挥机构和高效的工作机制，由中国铁路总公司科技管理部组织郑州铁路局、上海铁路局、郑西客专公司、铁科院组成现场指挥组，系统协调科研、设计、施工、运营和设备供应商等参试单位联合行动。

其中，郑州、上海铁路局负责试验行车组织和试验安全；铁科院负责具体试验研究任务；郑西客专公司负责后勤保障，同时协调设计、施工、咨询和监理单位做好技术保障；四方股份、长客股份、相关科研院校等单位配合开展试验。

此外，在试验组织实施方面，按照系统工程方法统筹规划试验方案和组织行车计划，提升试验效率。例如，在高速交会试验方案中，统筹考虑两列中国标准动车组提速试验及交会试验需求，制定了“正向转圈”的试验组织方案，即两列中国标准动车组每个单程均采用同一速度级正向分线运行，单程结束时两列动车组换线，下一个单程仍保持同一速度级正向分线运行，确保试验科学、高效、有

序、顺利地开展。

速度提高后，动车组很多性能都要进一步验证，比如动车组内外压差等空气动力学指标、脱轨系数等动力学指标、牵引能耗指标等。需要通过试验测试两列动车组交会时压力波导致的内外压差以及车内压力变化情况等空气动力学性能，还要对轮轨关系进行深入研究。轮轨关系研究涉及系统动力学、材料学、摩擦学、固体力学和计算方法等，是铁路领域最重要、最复杂的研究课题之一。而铁路的线路条件和车辆状态随机性很强，这就使得无论从理论研究还是仿真计算模拟角度，与实际运行状态都存在一定偏差。目前列车时速超过400 km后，全世界相关测试数据均十分稀少，这就对测试工作提出了很高的要求，更高速度试验不仅要确保准确实时采集到高速试验数据，还要迅速分析、找出规律，提出针对性的解决措施。通过郑徐更高速度的探索试验将这些难题一一攻克。

中国标准动车组在郑徐客专更高速度科学探索试验挑战中取得了巨大成功，单列最高试验速度达到了428.6 km/h，在世界上首次实现了动车组重联试验速度达到420 km/h、两列动车组交会试验相对速度840 km/h的速度水平，获得

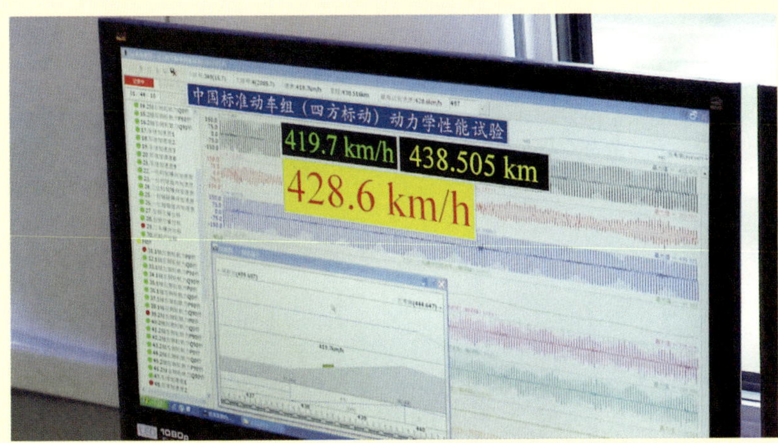


⊙郑徐客专动车组单列试验最高速度：428.6 km/h

了400 km/h及以上速度等级的相关数据，为更高速度高铁技术的发展提供技术支撑，对推动中国高铁持续技术进步具有重大意义。

## 四、60万 km运用考核

按照中国铁路总公司部署安排，中国标准动车组运用考核依次在环行铁道试验基地、大西客专高速综合试验段、郑徐客专、哈大客专等线路上开展。运用考核分空车运行考核和重车运行考核两个阶段，运行考核期间重点关注和跟踪内容包括：动车组车体、转向架、牵引传动、制动、网络控制、车门等系统的工作状态；车内照明、旅客信息系统、车门、空调、集便器、电热开水器、无障碍设施等旅客界面及厨房设备、乘务员设备等司乘界面的使用便利性和对现有客服规章的适应性；以及供排水、排污等运维接口的适用性。运行考核期间按实际运营模式进行检修维护，为后续批量产品优化积累数据。

在环行铁道试验基地、大西客专高速综合试验段、郑徐客专进行的运行考核里程约为37万 km，其中，空车运行考核里程约19万 km，重车运行考核里程约18万 km。经过37万 km运行考核后，中国标准动车组运用状态良好，未发生影响行车安全和运行秩序的问题，标志着中国标准动车组运用适应性、稳定性、可靠性及制造质量均达到了设计要求，经过专家评审，具备了编入哈大高铁沈阳—大连区间运行图继续进行运行考核的条件。

2016年8月15日，中国标准动车组正式进行哈大高铁沈阳—大连区间运行考核，共完成了24万 km考核里程，充分验证了中国标准动车组在运用模式下，设备与设备、人员与设备之间能否有序可控的协调运转，进一步磨合了设备、人员、制度的匹配性，充分发现了旅客界面、服务设

备设施、给水卫生、空调设备等方面的适应性问题，优化提升了乘客体验。

中国标准动车组运用考核一直持续到2016年10月27日结束，历时超过1年，总运行里程约61万 km，相当于围绕地球跑了15圈，其中，高速运行里程超过37万 km（占比超过60%）、重车运行里程超过32万 km（占比超过53%）。中国标准动车组运用考核期间未发生影响运输安全和秩序的故障情况，总体性能稳定、安全状况良好，技术状态和各系统功能正常，满足动车组运用考核大纲的要求。

2016年10月28日至11月13日，两列中国标准动车组分别在四方股份和长客股份厂内进行解体检查，检查对象包括转向架、车体及车端连接、制动系统、牵引变压器、牵引变流器、牵引电机及冷却风机、高压系统、充电机及蓄电池、车内环境控制系统、车门及车内设备等，解体检查结果表明中国标准动车组“在考核过程中整车技术状态良好，未发现整体性和系统性的设计缺陷，系统及主要部件未发生变更，能适应和满足正常运用要求。”

通过运用考核和解体检查，对中国标准动车组各系统的可靠性及运用接口进行了充分验证，积累了大量数据，为批量产品的优化方案提供了数据支撑。

## 五、服役性能和基础理论研究

在对中国标准动车组开展型式试验、科学试验和运用考核试验过程中，还同步开展了关键系统和零部件长期服役性能研究试验、基础理论研究。

服役性能研究方面，按照中国铁路总公司批复的试验大纲，重点对与里程相关参数、线路条件相关参数、环境条件相关参数等项点进行试验。例如，跟踪120万 km内制动盘和闸片磨耗情况、制动控制模块和空压机服役情况、

承载部件的载荷特性及动应力水平情况、电池性能变化情况等；对比分析一年内不同季节条件下动车组黏着利用情况、设备舱内气动效应和风冷系统性能变化等；对比分析不同线路情况下动车组振动噪声、整车模态性能、受流性能、接地性能和动态偏移量等，积累了大量长期服役性能研究试验数据，归纳了关键系统和部件的服役性能变化规律，为中国标准动车组运用管理和检修维护提供了数据支撑。

基础理论研究方面，铁路部门一直以来都重视并持续开展了相关研究工作，特别是近年来，针对铁路动车组技术发展面临的重大基础性技术问题，结合中国标准动车组研制，从2015年开始组织对包括中国标准动车组在内的多型动车组，系统安排了高速轮轨关系、振动噪声、空气动力学等重大基础理论的深入研究项目。

高速轮轨关系研究：在轮轨踏面型式及硬度匹配优化、轮轨关系检测监测技术、高速道岔优化设计、车线耦合仿真技术、车辆运行品质控制及轮轨减磨措施、高速轮轨黏着机理等方面开展系统研究，提出车轮硬度优化方向和减缓车轮多边形的具体措施。并在京沪、武广、贵广、哈大、兰新、丹大等六条典型高铁线路同步开展中国标准动车组等多种型号动车组的长期跟踪试验研究。

振动噪声研究：依托综合试验和实际运行线路，开展中国标准动车组等高速列车车内与车外辐射噪声专项测试，形成高速动车组噪声指标分解理论框架和噪声指标分解方案，并对相关动车组和基础设施减振降噪技术措施进行深入研究。

空气动力学研究：除了在郑徐客专开展中国标准动车组高速及交会试验外，自2015年以来，还开展了兰新二线大风环境下动车组和普速列车试验、赣龙线高铁线间距速

度适应性试验等，开展了防风设施过渡段流场分析及优化方案、隧道气动载荷谱以及车/线/隧空气动力学合理匹配关系、更高速度等级空气动力学、人体压力舒适度标准等研究。

这些研究以实验室和现场试验研究为主要方法，通过对各型动车组对比分析和专题分析，积累丰富数据，以期经过长期不断地研究积累，形成针对我国铁路实际、具有指导意义的铁路基础理论。

2016年11月24日，中国铁路总公司组织召开技术评审会，对中国标准动车组按照相关管理办法和程序完成了设计定型相关工作。2017年1月3日，国家铁路局向四方股份和长客股份颁发了中国标准动车组型号合格证（型号分别为CR400AF和CR400BF）和制造许可证。

2017年2月25日，两列中国标准动车组样车奔赴京广高铁和京津城际继续开展载客体验运营。2017年3月19日，中国铁路总公司召开中国标准动车组体验运营工作座谈会指出：中国标准动车组的样车顺利上线体验运营，开启了批

⊙时速350 km中国标准动车组试验报告

铁路机车车辆
型号合格证

发证机关：国家铁路局

产品类别：动车组
产品名称：电力动车组
产品编号：0201
产品型号：CR400AF
被许可企业：中车青岛四方机车车辆股份有限公司
证书编号：TXLS0201-01770
有效期：长期
发证日期：2017年1月3日

铁路机车车辆
型号合格证

发证机关：国家铁路局

产品类别：动车组
产品名称：电力动车组
产品编号：0201
产品型号：CR400BF
被许可企业：中车长春轨道客车股份有限公司
证书编号：TXLS0201-01772
有效期：长期
发证日期：2017年1月3日

铁路机车车辆
制造许可证

发证机关：国家铁路局

产品类别：动车组
产品名称：电力动车组
产品编号：0201
产品型号：CR400AF
被许可企业：中车青岛四方机车车辆股份有限公司
产品制造地址：青岛市城阳区锦宏东路88号
证书编号：TXLZ0201-01771
有效期：至2022年1月2日有效
发证日期：2017年1月3日

铁路机车车辆
制造许可证

发证机关：国家铁路局

产品类别：动车组
产品名称：电力动车组
产品编号：0201
产品型号：CR400BF
被许可企业：中车长春轨道客车股份有限公司
产品制造地址：长春市长客路2001号
证书编号：TXLZ0201-01773
有效期：至2022年1月2日有效
发证日期：2017年1月3日

⊙时速350 km中国标准动车组型号合格证和制造许可证

量生产、装备运用的新阶段；后续应以确保质量安全为核心，精心做好各项优化完善工作，确保中国标准动车组实现批量生产并按期上线运营。

中国标准动车组从2015年6月出厂，到2017年1月取得型号合格证和制造许可证，中间跨越了数道“龙门”，进行了不同类别的试验验证与考核。值得一提的是，整个试验过程中，各部门通力合作，系统策划，科学组织，动车组各项试验互相穿插，交互进行，直到完成既定的目标。

# 第四章 中国标准动车组

## 标准体系与技术性能

ZHONGGUO BIAOZHUN DONGCHEZU
BIAOZHUN TIXI YU JISHU XINGNENG

中国标准动车组是中国铁路全面自主创新研制的新一代高速列车技术平台，在国际上建立了时速350 km运营的标准、技术和产品体系，率先实现时速350 km商业运营，具有运行安全、平稳、可靠的特点，整体技术达到世界先进水平，部分技术和性能世界领先，树立了世界高速铁路商业运营新标杆，实现了“复兴号高速列车迈出从追赶到领跑的关键一步”。目前，中国标准动车组在国内逐渐成为高铁运营的主力车型，更将视野延伸到海外，助力“一带一路”倡议充当开路先锋。

## 第一节　建立中国高铁列车标准体系

掌握标准意味着掌握话语权，意味着行业影响力。谁掌握了标准，谁就赢得了市场主导权。

中国高速铁路技术标准体系是以高速铁路技术体系为依据、以我国现有铁道行业标准体系为基础，及时对高速铁路建设和运营经验进行系统总结，通过技术创新研究制定的，为我国高速铁路系统工务工程、高速动车、列车控制、牵引供电、运营管理以及风险防控六大体系提供了技术标准支撑。

高速动车技术标准体系是我国高速铁路技术标准体系中重要的子体系之一。近年来，结合动车组引进消化吸收再创新，以科技创新成果为支撑，我国铁路充分采用借鉴国际国外标准，系统总结运营实践经验，制定了一系列涵盖动车组零部件、系统、整车等设计、制造、运用、维护等方面的技术标准，在机车车辆技术标准子体系基础上形成了全面、先进、兼容并蓄的中国高速动车组标准体系，为中国动车组整车、系统、零部件的研制、试验及安全可靠运营提供了坚实的基础和保障。

随着我国动车组技术的不断发展，高速动车技术标准体系也在不断完善。在中国标准动车组研制前，我国高速动车组的技术标准体系以和谐号动车组为基础，是中国、欧盟以及日本标准的集合，如CRH1、CRH3、CRH5技术平台动车组的原型车均为欧系车，在动车组设计、制造过程中大量采用了欧洲标准和TSI相关要求，而CRH2技术平台动车组的原型车为日本新干线E2-1000，设计、制造过程中大量采用了日本JIS工业标准。欧系和日系两种标准体系在动车组的技术性能和参数要求上存在诸多不同，使得我国不同型号的和谐号动车组在旅客界面、操作界面、运用界面及维修界面上差异较大，未能完全自主化。

为了满足中国标准动车组自主化、简统化和互联互通的要求，中国铁路总公司组织国内多家企业、科研机构在参考国外标准的基础上，综合考虑国内动车组设计、生产、试验及运用需求，为更好地适应中国的自然地理环境、适应中国铁路运营需要、适应中国旅客出行习惯、适应动车组运用维护需求，自主制定了中国标准动车组总体和各子系统技术条件、统型技术条件等大量的标准性文件，形成了中国自主化的高速动车组技术标准体系，体现了中国标准动车组的技术特点和创新水平。

中国标准动车组技术标准体系大量采用了中国标准，兼容国际标准，涵盖了基础通用、车体、走行装置、司机室及设备、牵引电气、制动及供风、辅助电气系统、车内环境控制、给水和卫生设备、列车网络、控制诊断和监测系统等方面。

据统计，中国标准动车组所采用的重要标准共计254项。其中，基础通用标准49项、车体标准24项、走行装置标准41项、司机室布置及设备标准23项、牵引电气标准27项、制动及供风标准33项、辅助电气系统标准16项、车内环境控制标准16项、给水和卫生设备标准8项、列车网络标准8项、控制诊断和监测系统标准3项、应急与防护标准2

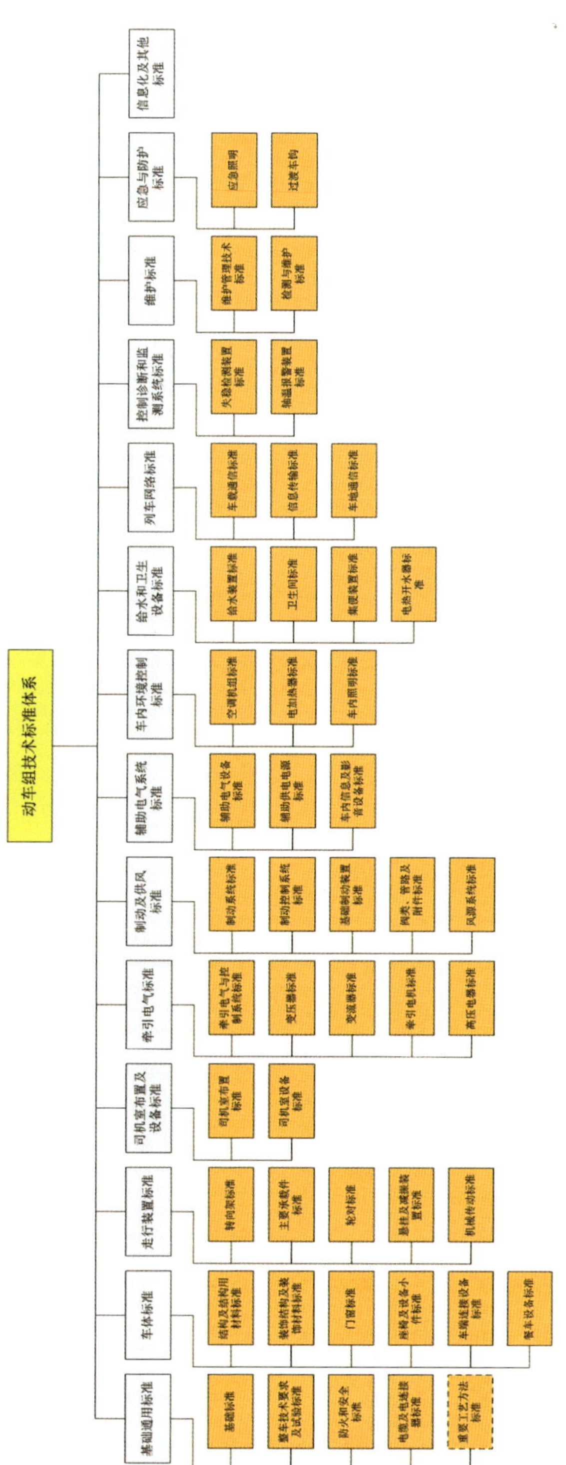


⊙ 中国标准动车组技术标准体系架构

项、运用维修标准4项。

按照标准类型统计，在这254项重要标准中，有214项是中国标准，占重要标准数的84%。其中国家标准42项，铁路行业标准53项，中国铁路总公司企业标准3项，中国铁路总公司标准性技术文件61项、中国标准动车组统型技术条件39项，中国铁路总公司发文15项，主机厂企标1项。而直接采用UIC、IEC、ISO等国际标准21项，参考EN、DIN、TSI等国外区域标准19项，占重要标准数的16%。

目前，中国国家铁路集团有限公司与国际铁路联盟（UIC）、国际标准化组织（ISO/TC269）、国际电工委员会（IEC/TC9）等在铁路领域均有密切的合作，先后主持和参加国际标准80余项，担当了部分标准的组织领导职责，多次承办国际组织的年会和专家会议，中国铁路标准国际化工作取得了实质性进展，中国铁路的国际影响力正在逐步扩大。

在中国标准动车组标准体系的引领下，研发团队瞄准世界高速列车前沿技术，并结合中国复杂的运营环境和跨区间、全天候、持续以时速350 km运营需求，展开技术攻关，使动车组各项技术性能达到了世界先进水平。

## 第二节　出色的安全性能

安全是铁路永恒的主题，事关国家总体安全，事关人民群众财产安全，事关经济社会发展大局。中国铁路历来重视安全工作，将坚守高铁和旅客安全作为政治红线和职业底线。在中国标准动车组的研发中，始终将安全性作为重中之重，从运行安全性、结构安全性和防火安全性等方面进行了全方位考虑。在车体、司机室结构、转向架、制动系统、列车安全监控等安全相关性较大的系统方面进行了重点攻关。

### 一、安全可靠的车体

中国标准动车组的车体满足强度、刚度、气密性和乘客舒适性的要求，车体为整体承载结构，采用长大中空铝合金挤压型材，再焊接成箱型。车体由底架、侧墙、车顶、端墙和司机室（仅头车）等组成，具有高强度、高耐撞性和轻量化的特点。

对于动车组的结构安全性而言，车体的结构强度是一个重要的考核指标。中国标准动车组的车体结构为整体承载式结构，具有良好的水密性和气密性，除承受动车组正常运行时的载荷外，还能承受±6 000 Pa的气动载荷。

通过对包括司机室结构的端车车体和最大载荷工况的中间车体进行强度仿真分析和试验，结果表明车体的静强度、疲劳强度满足要求，车体结构的设计寿命不小于30年，保证车体结构安全性。车顶具备足够强度，满足检修维护人员车顶作业需求，具有100 kg重的人在车顶行走而不产生永久变形的能力。同时，车体结构能够保证列车的联挂安全，在5 km/h速度的调车冲击下，车体能保持正常状态。

车体看起来像是一个坚固的刚体结构，实际上是一个弹性体，车体自振频率指的就是车体这个弹性体结构固有的振动频率，又称“固有频率”。车体自振频率是车体的固有属性，其数值与外部因素无关，但如果该数值与外部的激扰频率接近甚至相同，就会引起车体这个弹性体系统产生共振，轻则引起旅客不适，重则给动车组运行带来安全隐患。随着动车组运行速度的提高，由线路不平顺引起的随机激励频率的频域加宽，导致动车组垂向和横向振动加速度增大，并通过转向架作用于车体，使得车体发生弹性振动，反过来车体又通过连接元件如弹簧、阻尼器等反作用于转向架，这势必会影响动车组的运行稳定。

⊙ 车体第一阶弯曲模态振型

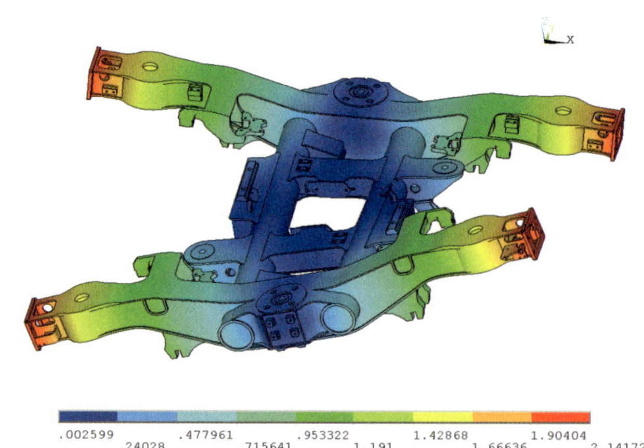


⊙ 转向架构架扭转模态振型

车体振动是受迫振动，是激扰力通过转向架悬挂系统的弹簧、减振器起作用的结果。车体结构的设计需保证车体的各阶自振频率与转向架悬挂系统的频率之间具有足够的间隔，避

免振动耦合产生有害作用。中国标准动车组车体具有较高的刚度，整备状态下车体的自振频率为10.62 Hz，满足大于10 Hz的要求。

中国标准动车组系统考虑了列车防碰撞要求，采用了列车级能量管理技术，按照从头到尾逐级吸能的原理设计。车体防碰撞结构由车钩缓冲系统、前端吸能模块和车体结构三级吸能结构组成，在动车组前部和各车车端连接处设置了碰撞吸能装置。在出现意外碰撞时，可通过吸能结构吸收碰撞能量，减少对乘客和司乘人员的伤害，提高动车组被动防护能力。通过对车体端部吸能元件和吸能部件的功能性进行验证试验，表明车体端部吸能结构变形稳定，吸收能量满足设计要求，各吸能元件间动作协调。

在动车组各车中，头车吸收的能量最大。头车的司机室采用了“承载型材弯梁+板梁+蒙皮”的结构，具有强度刚度好、头型适应性强、工艺性好的优点。为了满足碰撞安全要求，除采用小板梁插接方式布置外，增加了纵向以及断面上的型材弯梁，可以有效抵抗由于碰撞而带来的司机室变形。窗口的开口薄弱位置采用整体框架结构，提高了强度和刚度。

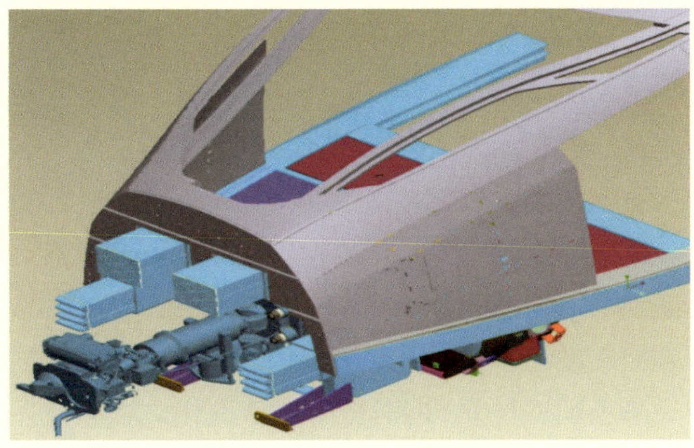

⊙ CR400动车组车头吸能结构

中国标准动车组在头车开闭机构中设置了防爬吸能装置，该装置能吸收2.56 MJ，相当于将260 t物体提升1 m所需的能量。在标准规定的碰撞场景下，头车司机室和后面的客室仍具有足够的安全空间，同时能防止相撞的动车组向上爬升，从而保证司机和乘客的安全。

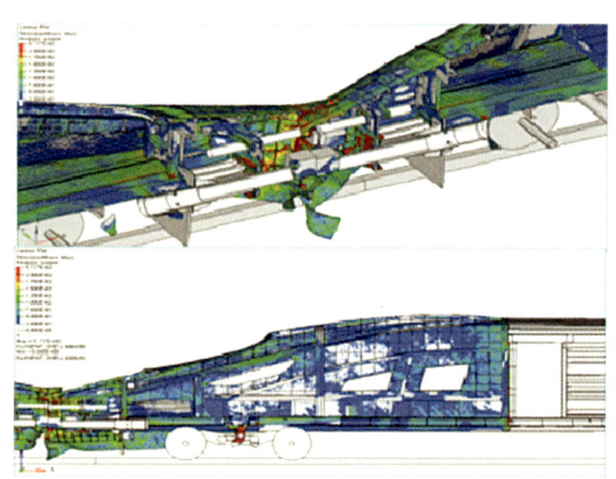

⊙时速36 km的碰撞分析

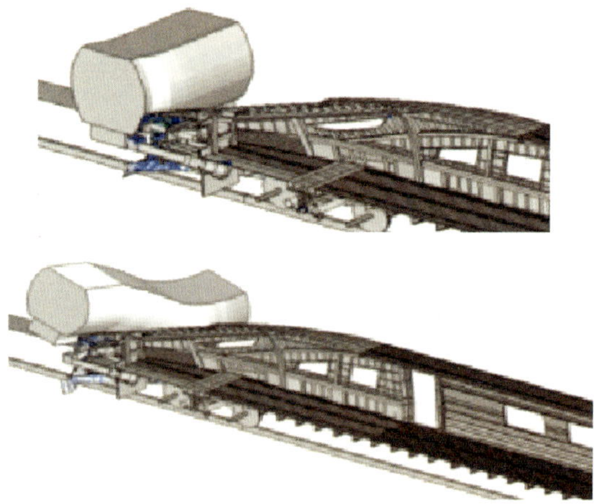

⊙与80 t货车的碰撞分析

根据标准有三种碰撞场景，一是相同列车以相对时速36 km相撞，二是列车以时速36 km与80 t货车相撞，三是列车以时速110 km与15 t可变形障碍物相撞，研究人员对每种场景下乘客区生存空间变形量等参数进行了规定，碰撞结果均能满足列车的安全要求。

司机室前端下方装有排障器，可以将高铁线路上一些危险障碍物排除在外。排障器连接装置能够承受高达137 kN的直接冲击。排障器的安装结构要可靠，高度能够调节，其距轨面高度保持为(110 ± 10)mm。排障器具有适宜的结构，夹角不超过160°，同时排障器的设计，能防止所排出的物体向上或者向下抛出。

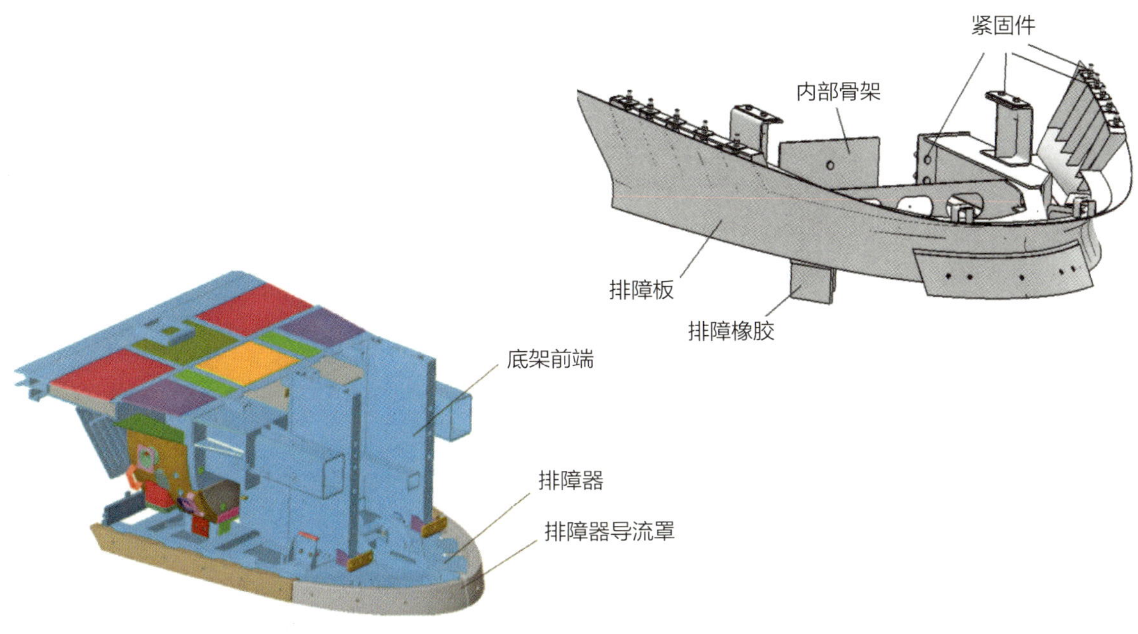


⊙ 动车组车头排障器及安装位置

在防火安全方面，中国标准动车组采用了最严格的防火安全性设计和高环保要求材料。动车组内装、车内设施等非金属材料的防火要求等满足非金属材料阻燃技术条件和国内外铁路机车车辆防火等标准的要求。

## 二、运行稳定的转向架

中国标准动车组拥有高度稳定的转向架，按最高运行速度350 km/h进行设计。转向架包含构架、轮对、轴箱、一/二系悬挂、牵引装置、驱动装置和基础制动装置七大部分。其中构架是转向架的主要承重部件，将各个零件组成一个整体，并承受和传递各种荷载。

轮对与钢轨接触并传递作用力，通过轮轨之间的黏着产生牵引力或者制动力，通过车轮的转动实现列车运行。轴箱也很重要，相当于转向架的关节，衔接车轮和构架，并对轮对进行约束。

一系悬挂主要用来缓和线路不平顺对车辆的冲击，保证车辆的运行平稳性，平衡轴重分配。二系悬挂指的是车体与转向架之间的连接装置，用来传递车体与转向架之间的垂向力和水平力，减缓冲击振动。同时，一系和二系悬挂可保证列车在拐弯时，转向架能够灵活回转。牵引装置用来传递车体与转向架之间的纵向力，同时又不影响车体和转向架之间垂向和横向的相对运动。

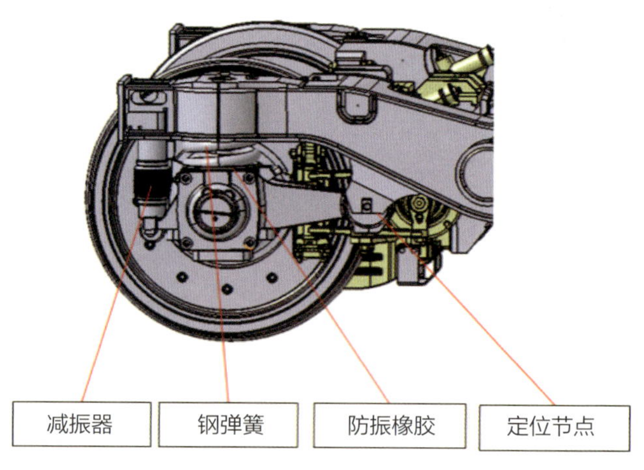


⊙ CR400AF转向架一系悬挂

驱动装置的作用是将列车动力传递给车轮，驱动车轮转动。而基础制动装置能够将制动缸的压力增加若干倍后再传递给闸片，使其压紧制动盘，对车辆进行制动。需要说明的是，高铁列车采用的是复合制动模式，基础制动只是其中之一，并且是最原始的摩擦制动，只在其他制动模式制动力未达到预期时才启用。

车轮与钢轨接触形成特有的轮轨关系，车轮与钢轨的横断面轮廓都是特意设计的光滑弧线。在理想情况下，左右车轮与钢轨的接触点是对称的，即左右车轮滚动圆的半径一致，然而轮对一旦偏离中心线，左右车轮的滚动圆半

径不再一致。这种轮轨接触关系是制约转向架性能的最基本因素，不仅影响到动车组的乘坐性能，也会影响到运行安全性以及运营期间的轮轨磨损。

车轮踏面与钢轨廓形的匹配事关动车组高速运行的稳定性和平稳性。中国标准动车组采用了2种车轮踏面型式，其中LMA是我国既有车轮踏面，用于CR400AF转向架平台，其特点是对钢轨廓形变化的适应性较好，在钢轨出现一定程度的磨耗后，轮轨接触几何特征仍基本稳定，不至于发生较大改变。针对CR400BF转向架平台，以LMB为基础研发了LMB10型车轮踏面，解决了LMB对钢轨廓形变化比较敏感的问题，大大提高了对钢轨廓形和悬挂参数变化的适应能力，降低了初始轮轨接触等效锥度，有效提高了动车组的临界速度；对钢轨轨廓变化的适应性增加，减少了动车组异常晃动或抖动；车轮磨耗随运营里程增长缓慢，延长了镟轮周期，降低了运维成本。

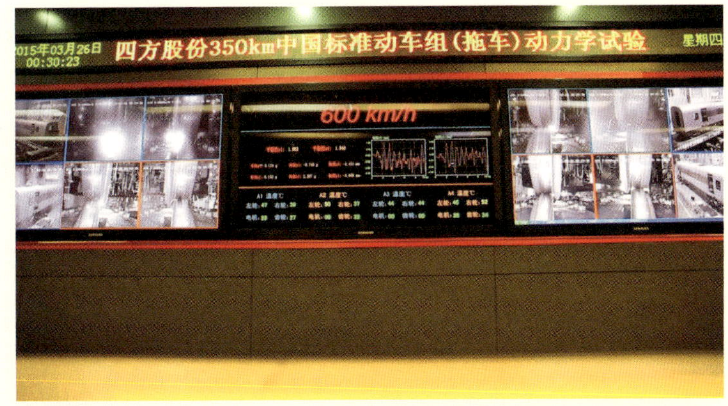

⊙ 中国标准动车组转向架滚振台试验

通过采用LMA和LMB10型车轮踏面，并对转向架悬挂参数进行优化匹配，确保动车组运行起来又快又稳。对转向架进行了稳定性仿真计算，结果表明其临界速度大于550 km/h。同时，对动车组进行了滚振试验验证，试验速度动车达到了570 km/h，拖车达到605 km/h，相对于标准中规定的“大于线路最高运行速度1.2倍”具有较大的稳定性冗余，以较高的临界速度保证了车辆运行稳定性。

中国标准动车组的运行安全性指标，采用《高速动车组整车试验规范》的有关规定进行评估，关键指标包括脱轨系数、轮重减载率、轮轴横向力和轮轨垂向力，以及构架横向振动加速度。线路运行试验表明在0～385 km/h运行范围内，上述安全性指标均满足要求。

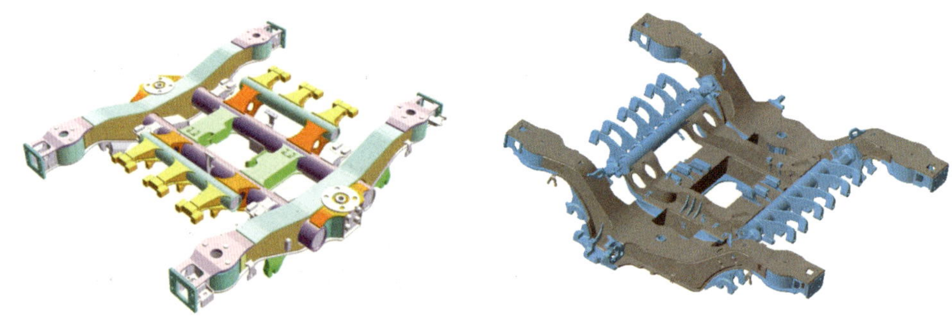

⊙ CR400AF非动力构架　　⊙ CR400BF非动力构架

另外，中国标准动车组转向架设置了能够实时监控轴箱轴承温度、齿轮箱轴温、转向架横向运行稳定性的传感器，进一步提升了整车运行安全性。

## 三、性能优异的制动系统

中国标准动车组的制动系统需要研究攻克高速防滑控制技术、大功率盘型制动技术、故障诊断和故障导向安全控制技术等一系列关键技术难题。利用制动系统仿真设计平台、动车组电空制动系统试验台、高速1∶1动力制动试验台及关键零部件试验台等对技术方案进行了充分验证和确认，实现了高速动车组制动系统全过程正向设计，创新

了时速350 km中国标准动车组制动系统核心技术，打破了国外技术垄断，提高了列车运行的安全性。

**高速防滑控制技术：**中国标准动车组在全天候复杂环境下运行，制动时难免遇到车轮滑行的问题。由于轮轨黏着系数随着速度的提高呈下降趋势，高速运行的动车组制动时出现滑行可能性更大。

因此，必须尽可能减少车轮滑行现象的发生。这需要根据不同的车速、载重、环境等条件对制动力进行实时控制，既要保证列车在各种速度制动时不发生较大滑行、不擦轮，又要充分利用轮轨黏着以保证列车的制动距离。

中国标准动车组提出了基于复合判定模式的模型参考自适应防滑控制方法和基于分层递阶模式的黏着—蠕滑控制新策略，解决了在轮轨间微滑动条件下最佳黏着利用的

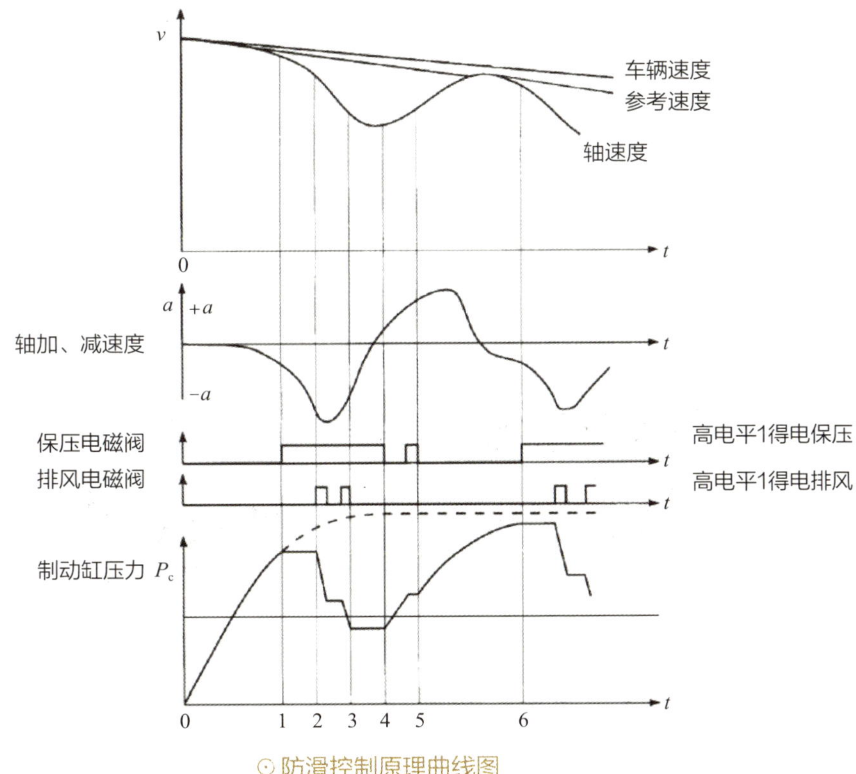


⊙ 防滑控制原理曲线图

技术难题；通过基于复合矩阵判定模式的自适应追踪轮轨黏着状态的防滑控制策略，解决了高速动车组轮轨不同黏着状态下的滑行控制的技术难题。

**大功率盘型制动技术：** 盘形制动作为动车组的重要组成部分，是确保高速列车安全的重要措施。通过大量仿真分析和试验验证，创造性采用了基于等温度场的热导流通风技术，解决了高速复杂环境条件和极高制动热负荷情况下的制动摩擦副结构可靠性、摩擦稳定性、散热快速性问题。实践证明，中国自主研制的盘形制动装置完全能够满

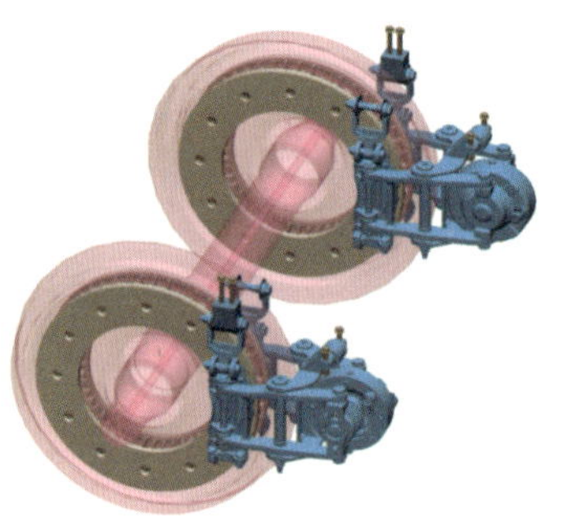

⊙ CR400BF动车盘形制动装置

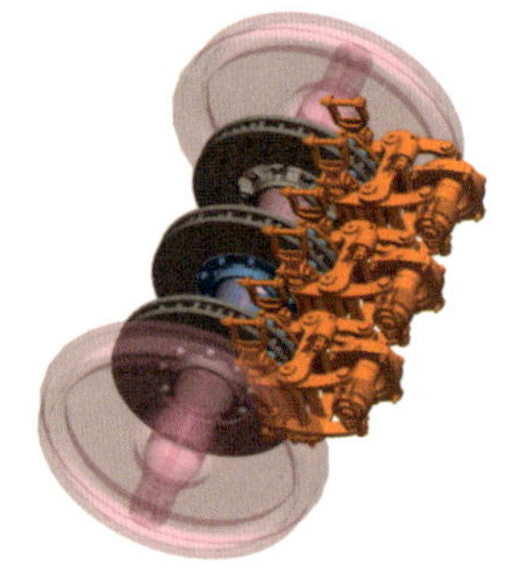

⊙ CR400BF拖车盘形制动装置

⊙ 中国标准动车组制动控制装置

足动车组在各种情况下的制动要求，为中国标准动车组的安全运行提供了有力保障。

**制动系统故障诊断和故障导向安全控制技术：**中国标准动车组制动系统具有良好的故障诊断功能，可确认、评估、报告所有的操作模式中发生的故障，便于系统维护、故障定位和成因分析，实现智能诊断。动车组在运行过程中，有关运行参数、过程数据、故障数据实时传输至中央诊断系统。同时制动系统对内部运行逻辑的相关参数、过程数据进行本地记录，为故障时分析数据、复现制动控制逻辑提供有效依据。制动系统诊断出故障时，列车将根据故障等级自动进行“故障导向安全”控制，保证列车安全、受控的运行，并可以及时查找故障并分析故障成因。

## 四、先进的列车安全监控

中国标准动车组智能化程度高，创新采用了WTB/MVB+以太网+移动通信技术架构，设置了完善的硬线保护电路，具有系统全面的安全监控功能，进一步提高了列车的安全性。

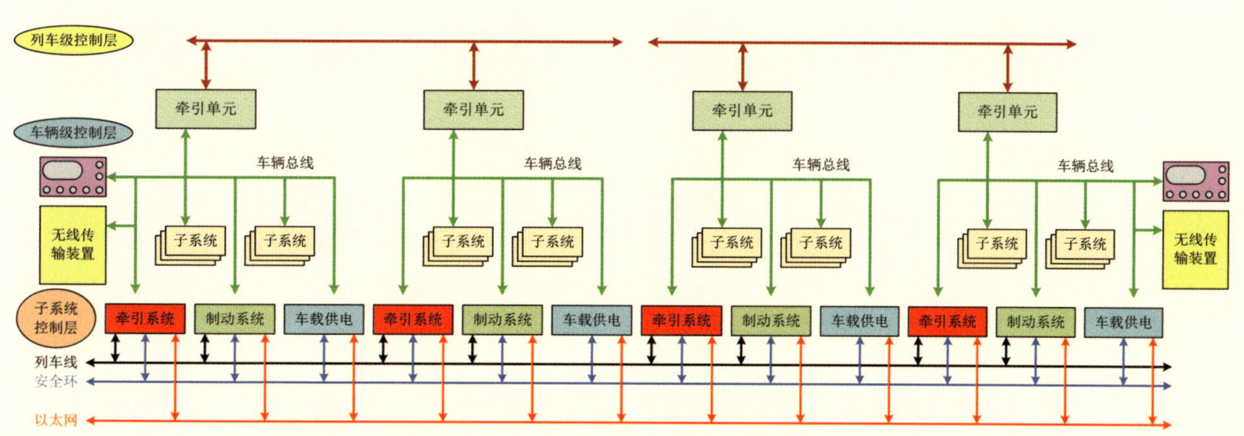


⊙ 中国标准动车组列车网络控制系统示意图

车载网络中，建立了更加快速的传感系统传输通道和更加智能化的判识网络，可实现收集更多监测点信息，并可实时诊断故障产生报警信息。中国标准动车组安装了全面的传感系统，全列监测点达2 500余项，比和谐号多1 000多个。这2 500个监测点能够采集车辆状态信息1 500余项，对列车走行部状态、轴承温度、冷却系统温度、制动系统状态、客室环境等进行全方位实时监测，实时感知列车状态，并记录各部件运用工况，为全方位、多维度故障诊断、维修提供支持。当监测到异常时，动车组可自动报警或预警，并能根据安全策略自动采取限速或停车措施。

车地网络中，中国标准动车组采用移动通信技术实现远程数据传输，可在地面实时获知车辆状态，提升地面同步监测和远程维护能力。中国标准动车组运行的所有信息都会在地面调度指挥中心控制台屏幕上实时显示，包括动车组运行位置、速度以及牵引电机功率等各种运行参数，以及动车组经过区域的风速、降雨量等气象数据。

为实现这些功能，列车网络控制系统研发团队攻克了研制、生产、测试和考核过程中的一系列难关，不但实现了全部产品自主化，而且根据新的需求做了一系列创新。

研发团队创新研制了MVB网卡和WTB网关产品。列车网络控制系统繁杂庞大，分不同的层级，而通讯功能是其最基础最底层的功能。国内最初没有该领域自主研发的芯片，必须从最基本的芯片开始研究。研发团队用通用FPGA可编程芯片实现了通信协议芯片研制。同时，参照相关国际标准，摸着石头过河，不断坚持软件开发和测试，逐步掌握了底层通信及网卡和网关的设计、制造技术。

研发团队攻坚克难，研制出自主知识产权的中央控制单元。一方面，中央控制单元软件涉及软硬件开发平台的自主研制，涉及可靠性要求极高的工控产品研制生产，还

涉及数以千计的算法模块开发与整合。另一方面，为了保证测试验证的完整性，搭建了列车网络控制系统半实物仿真测试平台，可对所设计的软硬件功能进行完整的测试。研发团队历时两年，开发了列车网络控制系统相关软件的所有源代码，实现了中国标准动车组列车网络控制系统的软硬件全面自主化，使动车组真正有了“中国脑”。

⊙ 列车网络控制系统半实物仿真平台

⊙ 列车网络控制系统中央控制单元

中国标准动车组进一步通过硬线电路保障动车组的运行安全，设置了安全环路和控制电路，其中，安全环路设置了紧急制动EB环路、紧急制动UB环路、停放制动监控环路、乘客紧急制动环路、制动缓解环路、车门状态环路、转向架运行监控环路，控制电路设置了蓄电池控制电路、车门控制电路、紧急断电控制电路、制动控制电路。此外，中国标准动车组还具备失稳检测、烟火报警、轴温检测、受电弓视频检测等安全防护措施。

## 第三节　优越的整体性能

除了出色的安全性能，中国标准动车组具有更人性化的设计、完全自主化技术、更多的技术突破、更加高超的总成技术，整体性能相比和谐号更加优越。

### 一、形性协同的头型设计

动车组头型可以给旅客最直观的视觉感受，因此头型在中国标准动车组整体形象设计中至关重要。中国标准动车组的外观造型是反映中国自主知识产权高速动车组技术形象的载体，须根植于中国的文化沃土进行设计，一方面展示追求世界技术、中国魅力的品牌形象，另一方面展现中国面孔，体现大国精神。设计制造既要提升工艺水平，攻克技术难关，也要注意体现动车组车头造型和色彩搭配的文化性与独特性，在曲面与型线上注重"形神兼备"的表达方式，在结构和体态上追求"气韵生动""动静结合""天圆地方"的中国式审美境界。

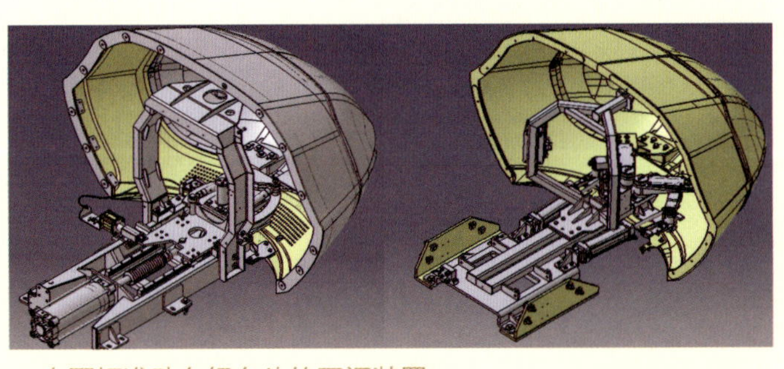

⊙ 中国标准动车组车头的开闭装置

在头型设计过程中，为了优化设计动车组的头型，实现最佳的技术性能，研发团队为CR400AF/BF分别先后设计了46个和45个概念头型，从中分别优选出7个和6个方案，并经过海量计算分析、风洞试验等手段，结合中国传统文化特征，最终确定了两个动车组头型。

⊙ 部分头型设计方案

⊙ 中国标准动车组飞龙造型

⊙ 中国标准动车组金凤造型

以CR400AF为例，车头采用了流线型设计，通过棱线曲面对空气进行导流，从而降低空气阻力，头车气动阻力比现有CRH380系列减小5%以上。车头的棱线曲面造型复杂，由80多块蒙皮拼接而成，对成型精度的要求极高。车头造型有6条棱线，每条棱线长达11 m，为了达到造型要求，棱线部位的内部骨架定位精度达到了0.5 mm。

## 二、舒适温馨的乘车环境

中国标准动车组坚持以人为本，运用人机工程学设计，加大座椅间距，为旅客提供更大乘坐空间；优化减振降噪措施，为旅客提供更安静的乘车环境；优化旅客界面与司乘界面，提供人性化舒适乘坐体验；配置无线Wi-Fi服务，最大限度地提升旅客乘坐的便利性和舒适性。

优化车体形状，增大车体断面。动车组高度从CRH380A的3 700 mm，增高到了4 050 mm，车体的最大宽度达到3 360 mm，CR400AF比CRH380A断面积增加7%，CR400BF比CRH380B断面积增加10.5%，车内乘坐空间增大。一等座椅间距达到1 160 mm，二等座座椅间距达到980 mm。

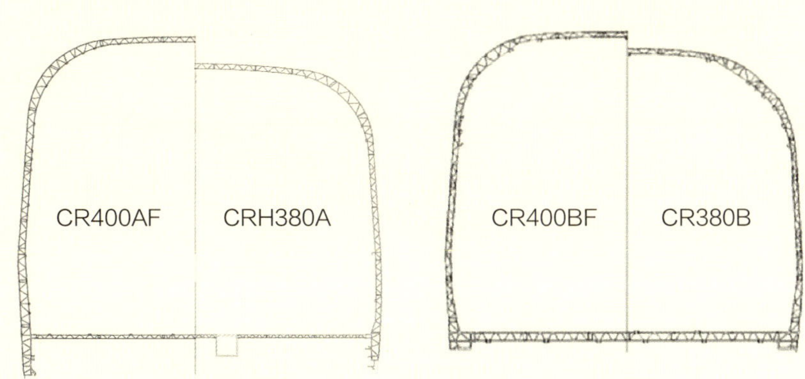


⊙ 中国标准动车组车体断面与和谐号对比

对于动车组来说，降低噪音，哪怕降低1 dB，也是极为艰难的。为了让旅客乘车感觉更舒适，来自国内多家单位的科技人员共同携手，凝心聚力，继续攻克高速列车降噪难题。

降噪是个系统工程，刚开始研发团队使用了最新降噪材料、加装吸音装置，仅是对不同材料和结构的隔音性能对比试验就做了3 000多次，但降噪效果仍未达到理想目标。经国内结构、流体、材料等领域的专家共同会商、反复研究发现，车载空调、风机等设备的吸气、排气造成的压差影响了降噪效果。通过规范车载设备的降噪要求和改进设计，噪音又进一步下降1~5 dB，超越了最初设计目标。按时速350 km运行，中国标准动车组车内噪声明显优于和谐号动车组，司机室及客室中部噪声降低约1~2 dB，受电弓客室端部噪声降低约6~7 dB，其他客室端部噪声降低约1~3 dB。

衡量列车的舒适性还有一项重要指标，那就是车体的气密性。两趟高速列车会车，尤其是在隧道中会车之时，由于车体表面受到正负数千帕的瞬时压力变化，压力波动传到车厢内，会让旅客感到不舒服，轻者压迫耳膜，重则头晕恶心。

实现车体良好的气密性能是必须解决的一项关键技术，涉及列车空气动力学的研究，列车速度越高，对车体气密性要求越严格。列车整车气密性是指在安装卫生间、供水系统、车窗、车门等设施之后，关闭列车与外界的所有开口（包括空调和门），列车车体阻止车内气体向外泄漏的能力。气密性试验通常采用车厢内部充气或抽真空方式，使车内外压差达到4 000 Pa以上，然后测试降压时间来确定气密性能指数。降压时间越长，说明车体气密性越

好。经过测试，中国标准动车组车内压力从4 000 Pa降到1 000 Pa需要的时间高达200 s，远优于《动车组密封设计及试验规范》（TB/T 3250）规定的“对于速度等级为250 km/h $< v \leq 350$ km/h的动车组，车内外压力差由4 000 Pa降至1 000 Pa的时间应不小于50 s”水平。

此外，动车组设有多种照明控制模式，可根据旅客需求提供不同的光线环境。同时，在车内服务设施方面，进行了一系列的便利性设计。为满足移动互联时代的上网需要，车厢内实现了无线网络全覆盖；在座椅扶手位置为旅客设置AC220 V和USB供电插座，可以不间断地提供电源；增大旅客大件行李柜空间；增设洗漱设施和无障碍设施；提升全列车供水和排污容量，实现污物零排放。中国标准动车组商务客室如图所示。

⊙ 中国标准动车组商务客室

## 三、动力强劲的“心脏”

牵引系统为中国标准动车组最核心的技术之一，是列车的运动中枢和提供动力的“心脏”，该系统的配置和参数直接影响到整车的运行性能。

拥有先进、可靠的牵引传动技术已经成为衡量一个国家轨道车辆技术水平的重要标志之一。牵引传动技术的发展目的，在于改善轨道车辆的牵引和制动性能，提高整个车辆系统工作可靠性和能源使用效率，尽量避免对电网的污染，有效地降低运行成本，满足运营需求。

中国标准动车组的牵引动力异常强劲，轮周牵引功率达10 000 kW以上。这么强大的心脏，让动车组从静止到350 km/h的起动加速时间和加速距离明显优于CRH380动车组，加速时间由472 s缩减到391 s，减少17.1%；加速距离由31.7 km缩减到25.3 km，减少20.2%。

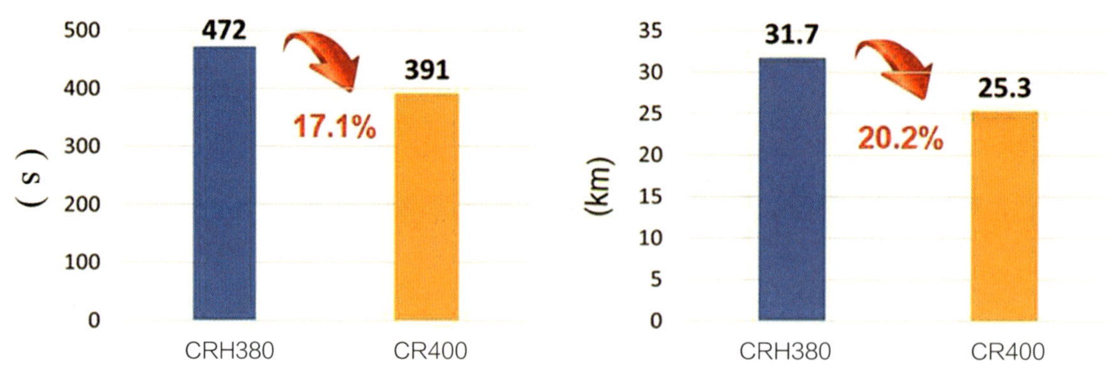


⊙ 复兴号动车组加速性能的提升

牵引传动系统包括牵引变压器、牵引变流器、牵引电机等。如今中国标准动车组牵引传动系统硬件和软件全部实现了自主设计、自主制造，中国成为世界上少数全面掌握这一技术的国家之一。

⊙ 动车组牵引变压器

⊙ 动车组牵引电机

设计中国标准动车组牵引传动系统，需要使用专业的图形化软件开发平台。研发团队从零开始，打破外方技术壁垒，研制了图形化牵引系统软件开发平台，填补了国内空白。该平台可读性强，降低了开发门槛，便于软件开发过程的分工协作，提高了新产品开发速度；平台采用模块化设计理念，有良好的继承性和移植性；同时具备在线多变量实时监视与参数调整的功能，便于验证和测试。

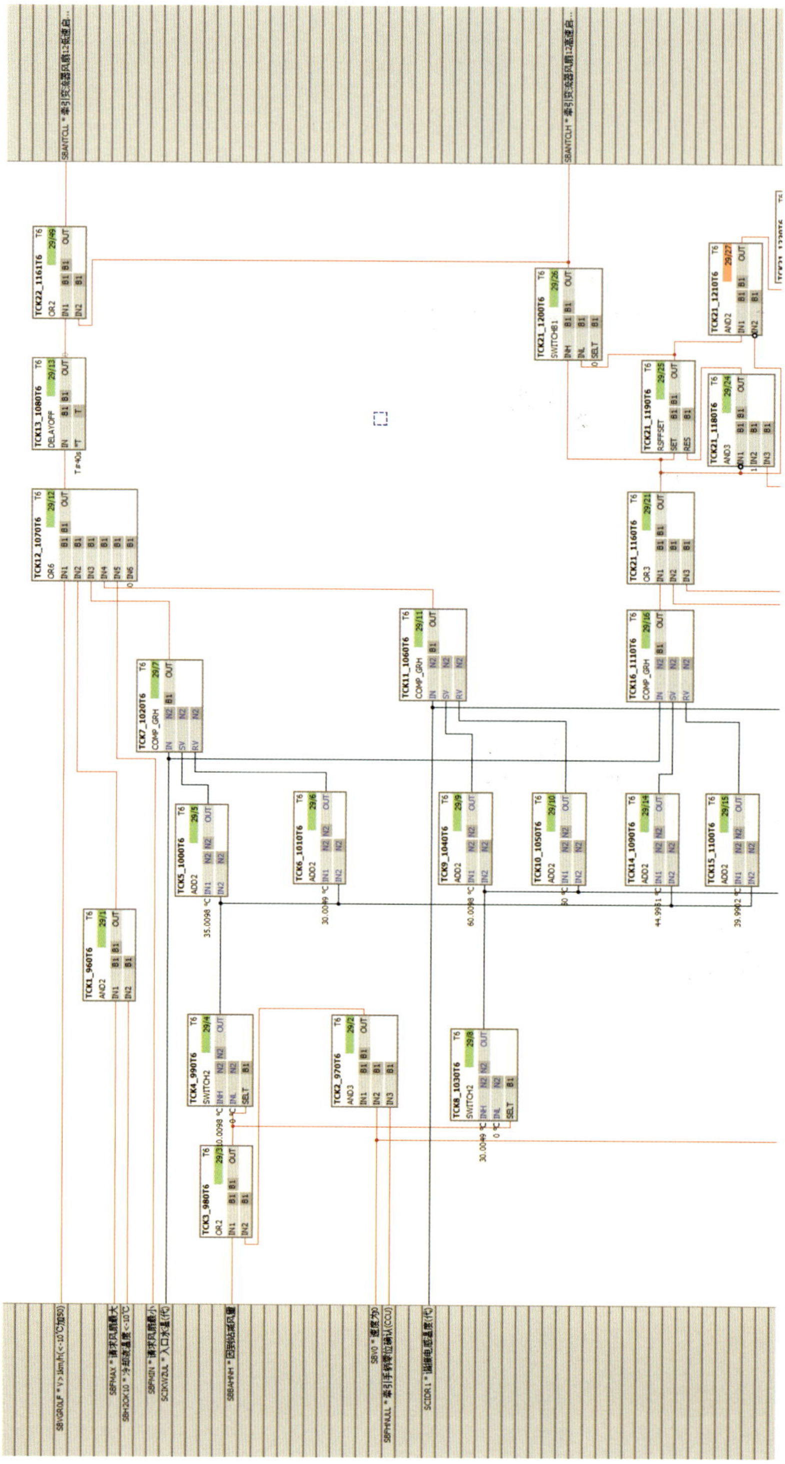

⊙牵引系统软件开发平台

牵引传动项目团队还负责研发牵引系统关键部件——高压大功率牵引系统功率模块，利用自主牵引变流器研发与试验平台，如牵引计算平台、电气性能仿真平台、半实物仿真平台、变流器热仿真计算平台、IGBT试验台、功率模块试验台和牵引传动系统综合试验平台等，突破了智能驱动、低感复合母排、高效水冷热交换器、智能驱动器、IGBT并联等技术，全面掌握了功率模块的设计、生产、测试、驱动、保护、检修技术，并在高端功率模块领域形成了设计制造、模块封装的完整产业链。

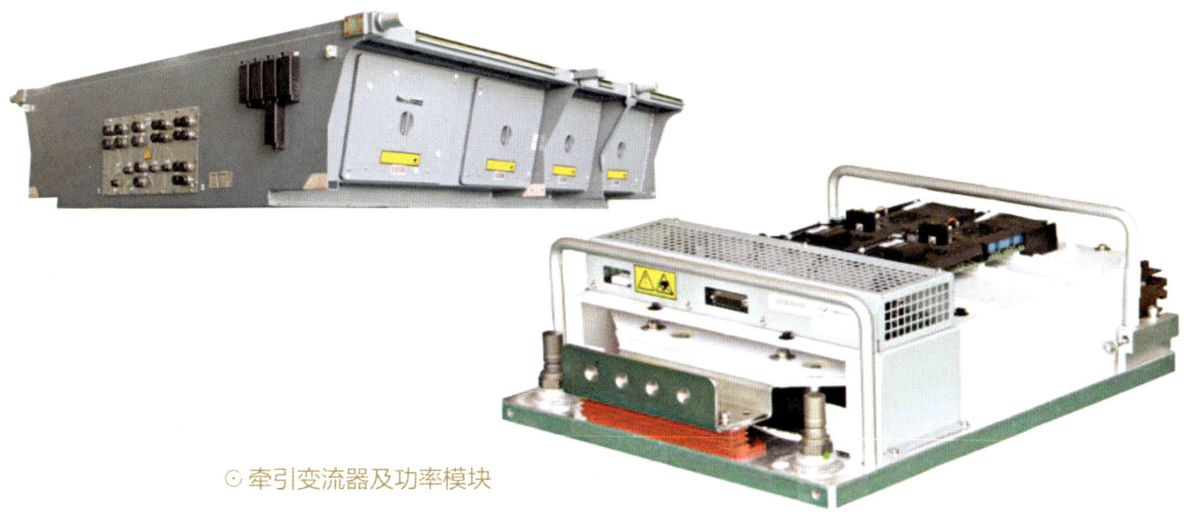

⊙牵引变流器及功率模块

牵引系统核心控制算法是牵引变流器最为底层最为核心的关键技术。除了传统的四象限整流控制与逆变器控制以外，创新了一种分散自律的多重动态错相车载谐波最优控制技术，实现了网侧电流总谐波失真、等效干扰电流、功率因素等性能指标的大幅提升，攻克了弱电网供电及高密度行车等恶劣工况下的供电稳定性难题；发明了一种基于轨面辨识的自适应黏着最优控制方法，采用轨面参数自适应辨识、模型预测及加权融合等手段实现了复杂工况下高速黏着利用控制，解决了超高速运行和恶劣天气等较差轮轨条件导致的动车组黏着利用率低、控制易失效等问题，能够保证动车组的高速安全运行，显著提升了列车运行密度，大幅度提高了线路载客量。

中国标准动车组牵引系统设置了救援回送自发电功能。救援回送，是指当动车组运营中遇到接触网停电等故障不能升弓需要救援时，由救援车组无火回送到指定地点的作业过程。过去和谐号动车组在救援或者回送时间较长时，要采用专门联挂一节发电车，给动车组供电，以满足动车组制动系统用电需求，提高了运用成本，而且还不能解决车内空调等设备用电问题。为解决这个问题，技术人员研制了一套设备，其工作原理是，当动车组救援回送速度超过55 km/h时，牵引电机开始发电，维持牵引变流器中间直流电压，通过辅助变流器向列车的空调系统、制动系统、照明系统等供电，以满足故障动车组车内设备的用电需求，提高救援效率和司乘人员舒适度。

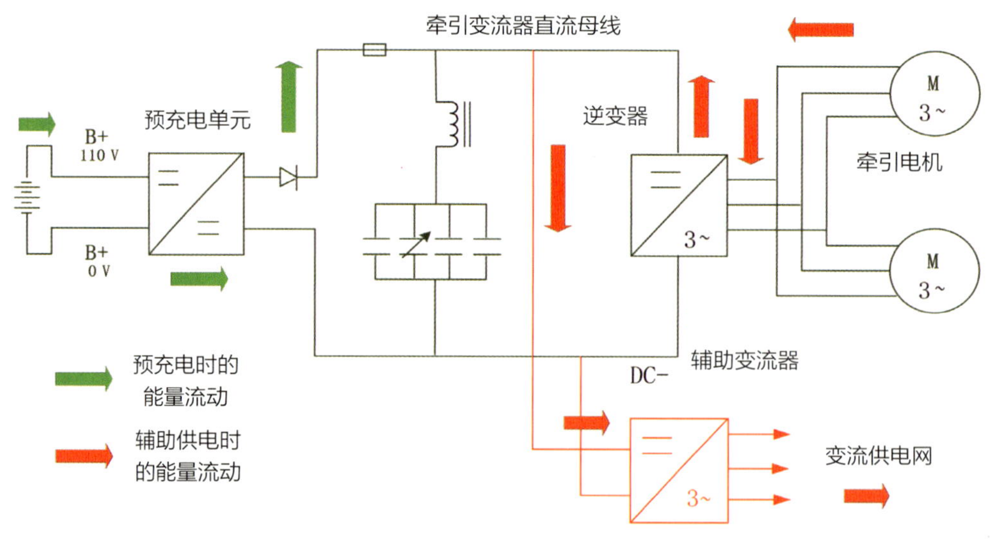


⊙ 无火回送发电原理

## 四、出色的经济环保性

如果说头型设计体现了中国文化元素、优异的乘车环境提升了旅客的乘坐体验、动力强劲的牵引系统使列车加速猛运行快，那么经济性和环保性则体现了中国标准动车组的竞争力和绿色可持续发展理念，这主要是通过轻量化、低阻力和环保材料的应用来实现。

⊙ 中国标准动车组的车体结构

中国标准动车组车体采用轻量化设计，满足节能环保的要求，这也是列车技术水平先进性的重要标志。车体作为主要承载结构，需要在确保车体强度、刚度的前提下，优化车体结构、材料，从而实现承载结构的轻量化。车体采用整体承载式结构，由底架、侧墙、端墙及车顶焊接形成箱型结构整体承载。相对于底架承载式和侧墙承载式结构，整体承载式结构更科学，可充分发挥所有结构材料的承载能力，使车体强度高、抗变形能力强和重量轻。

车体既要坚固又要轻盈，对铝材质量要求极高，特别是对型材性能、使用要求都有更高标准，需要攻克很多的技术难题，比如车体铝型材宽度较之前CRH380车体铝型材宽度提升100 mm以上，部分断面高度提升5～20 mm，整体型材断面挤压难度系数增大很多，需要攻克型材一体化技术难题。型材一体化，就是利用技术领先的225 MN超大挤压机，将高速动车组所需的超宽超大型材一次挤压成型，直接越过了用两个较小型材焊接成型的工序，进一步提高了型材强度、降低了重量。

中国标准动车组车体采用大型中空超薄铝材，轻量化设计、整体刚度匹配好，主体结构合理，通过科学方法优化车体断面、型材形状、局部结构，保证车体使用寿命。中国标准动车组司机室结构如图所示。

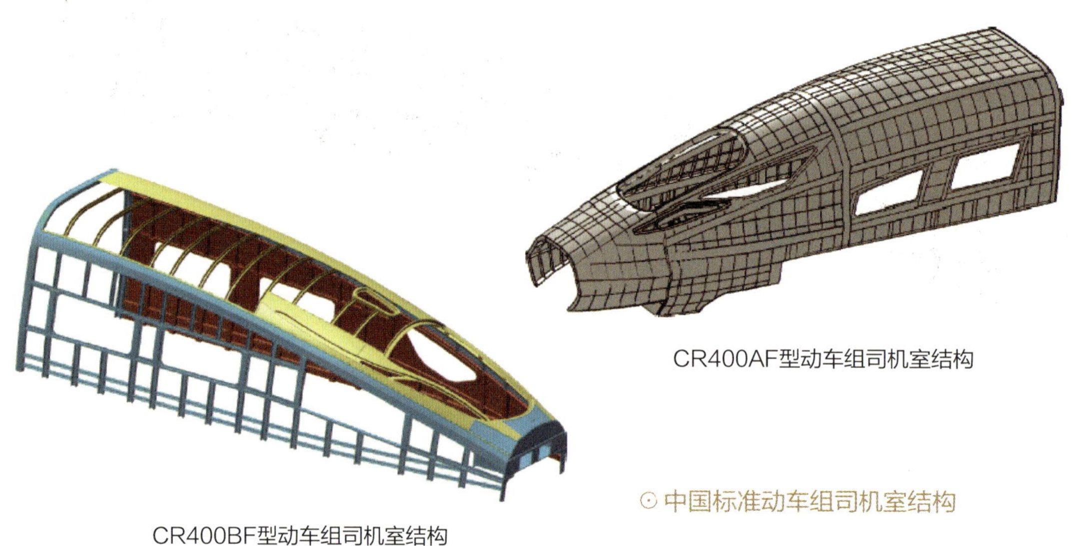

CR400AF型动车组司机室结构

CR400BF型动车组司机室结构

⊙ 中国标准动车组司机室结构

车体内装采用模块化骨架结构和镁合金型材，其结构比散装骨架有更好的平面度和刚度，对于非承力部位的骨架构件选用薄壁开口型材或铝板压型件，使内装骨架的整体重量有效降低。由于采用模块化设计，提高了结构的集成度，使内装结构得到了简化，有效减少了连接构件，降低了结构的重量。车体采用轻量化隔音隔振材料，通过仿真分析和试验验证，确定振动和噪声的传递路径，重点针对车体振动和噪声传递的关键区域喷涂隔音材料，比如在

转向架上部区域及窗下墙板等主要噪声和振动来源的部位喷涂3～5 mm，相比整车喷涂，重量减少可观。

转向架是直接影响动车组运行安全的关键部件，既要保证转向架在使用过程中不出现裂纹，避免重大安全隐患，又要满足轻量化要求。通过优化悬挂系统及转向架质量分配，降低轮轨作用力，改善承载部件的受力条件，减小承载部件的重量。采用薄壁大断面构架，在提高强度的同时，减轻了构架重量；通过轮轴结构优化，减轻了轮对重量。

车体平顺化有利于降低动车组高速运行时的气动阻力。通过对空调结构和安装方式的研究，在保证车内空间不受影响的前提下，尽量降低空调安装高度，使空调上表面与车顶表面一致；此外，新研制了高压设备箱，将以前车顶分散安装的高压零部件集成在高压箱内，并采用嵌入式安装，使高压箱上顶面与车体顶面平顺化；同时，受电弓采用浴盆式安装，降低落弓时受电弓高出车顶的高度；动车组侧门、侧窗与车体侧墙平齐，车端设置外风挡并与车体侧墙平顺化。通过这些技术和方法，使车体更加平顺，大幅度降低了动车组高速运行时的气动阻力。试验表明，中国标准动车组运行总阻力较CRH380降低7.5%～12.3%。当以时速350 km运行时，平直道人均百公里能耗下降17%。以京沪高铁为例，中国标准动车组全程总能耗比CRH380系列动车组降低约9%，京沪往返一趟节省5 000多度电。

中国标准动车组选用环保材料，车体、转向架等主体材料选用回收利用率高的金属材料。内装选材严格执行国家关于环保方面的法律、法规、标准及相关规定，满足防火和有害物质限量标准要求。

车辆的外部及内部装饰板材的涂装采用环保油漆，减少有害气体的释放。最大限度减少胶的用量，必须用胶则选取经过有害物质限量测试且满足相关环保要求的产品。墙板、顶板、地板、间壁、装饰板材以及电线电缆等材料完全按照环保要求进行，通过试验验证其指标值，对材料的火焰蔓延等级、烟密度及燃烧气体的有害物质限量指标进行确认。

# 第五章 复兴号品牌战略

FUXINGHAO PINPAI ZHANLUE

2017年以后，中国铁路总公司持续推进复兴号技术创新工作，全面提升复兴号运营品质，在全社会打响了复兴号品牌战略。

为贯彻落实习近平总书记关于铁路工作的重要指示批示精神，聚焦交通强国、铁路先行，深化“强基达标、提质增效”，全面推行“客运提质计划”、进一步增强人民群众幸福感和获得感，2018年5月2日，中国铁路总公司发布了《中国铁路总公司关于实施复兴号品牌战略的指导意见》，提出了以服务人民为中心，以安全质量为基础，以改革创新为动力，全面深入推进复兴号品牌建设，大力提升高铁运营品质，满足人民群众对美好旅行生活的向往，为决胜全面建成小康社会提供有力支撑。复兴号品牌战略的指导意见提出了三大目标：一是建成品类齐全、结构合理、涵盖不同速度等级、适应多元化运输需求和不同应用环境的复兴号系列产品体系，保有量将达到1 300组以上，开行范围覆盖80%以上的大城市；二是建成以核心技术自主化、配套技术产业化、基础理论系列化、技术标准体系化为主要标志的中国高速动车组技术体系，复兴号安全性、舒适性、经济性、智能化、节能环保等技术指标世界领先；三是建成安全可靠、方便快捷、优质高效的复兴号运营管理体系，商业运营速度保持世界领先，运营安全持续稳定，产品供给充足有效，经营管理集约高效，服务品质全面升级，复兴号旅行生活更加温馨美好。

围绕三大目标，需要完成五项重要任务：全面推进技术创新、强化动车质量管控、全面强化安全保障、持续提升服务质量、稳步扩大开行范围。随着复兴号品牌战略的全面实施，中国高速铁路发展进入了新的历史阶段。

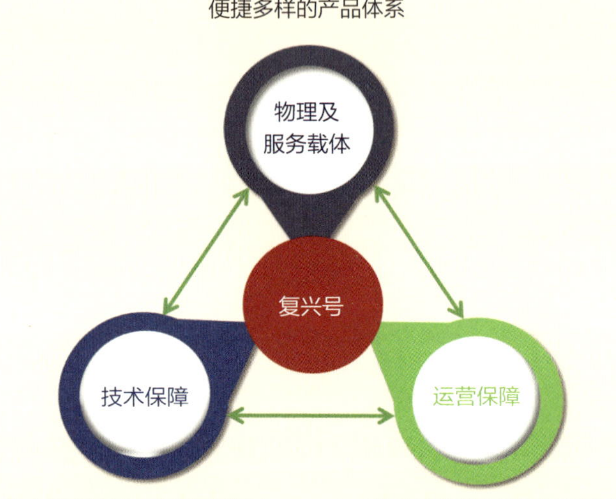


⊙ 复兴号品牌战略

## 第一节 复兴号命名

组织研制中国标准动车组，是中国铁路总公司站在行业甚至国家高度做出的重大战略决策。按照国家创新驱动发展战略要求，依托国家发改委“中国标准高速动车组及高铁关键装备研发试验工程”项目，中国铁路坚持自主创新，搭建了具有完全自主知识产权的中国高速动车组技术平台，打造了时速350 km中国标准动车组精品工程，总体达到世界先进水平，部分技术及性能世界领先。

中国标准动车组的成功研制具有划时代的意义，它标志着中国真正掌握了动车组核心技术，中国高铁技术从此迈出了从追赶到领跑的关键一步。为中国标准动车组选择一个响亮又富有深意的名字对于树立中国高铁品牌形象意义重大，为此，中国铁路总公司高度重视中国标准动车组命名。在中国标准动车组试验期间，就启动了中国标准动车组品牌名称策划工作。中国铁路总公司组织参与中国标准动车组研制的相关企业进行深入交流研讨，在内部广泛发起名称征集，同时邀请行业内外专家对命名建言献策，结合文化、政治、历史及行业特点等多个维度对中国标准动车组名称进行诠释。先后共征集到上千个名称建议，进行初步筛选后，又对复兴号等300多个名称的商标注册情况以及在其他领域的使用情况进行了调研，形成了中国标准动车组命名的初步建议，此后，中国铁路总公司又组织对中国标准动车组品牌的建议名称进行了多次研讨，进一步缩小名称范围，并对其中的20余个名称进行了商标申请注册工作。

经过反复推敲和比选后，经批准，最终确定中国标准动车组命名“复兴号”。2017年6月25日，中国铁路总公司党组书记、总经理陆东福代表铁路总公司党组宣布将拥有自主知识产权的中国标准动车组命名为复兴号的决定。

中国标准动车组最终命名复兴号，有着深刻的含义。

⊙ 中国标准动车组命名为复兴号

中华民族是伟大的民族，有五千多年的文明历史，创造了灿烂的中华文明，为人类文明进步做出了不可磨灭的贡献。然而近代以来，我们的民族历经磨难，经历了战乱频发、山河破碎、民不聊生的深重苦难，陷入内忧外患的黑暗境地。自此，为了实现中华民族的伟大复兴，无数仁人志士不屈不挠、前仆后继，进行了可歌可泣的斗争。

实现中华民族伟大复兴是近代以来中华民族最伟大的梦想。中国共产党成立后，团结带领全国人民前仆后继、艰苦奋斗，把贫穷落后的旧中国变成日益走向繁荣富强的新中国，中华民族伟大复兴展现出前所未有的光明前景。

党的十八大以来，以习近平同志为核心的党中央继往开来、再创辉煌，向全党全国人民发出了实现中华民族伟大复兴中国梦的前进号令，极大地鼓舞和激励了中国铁路人团结奋进，积极投身复兴伟业。

“复兴”是一个不断丰富和发展的概念，它并不是回归中国昔日辉煌，而是中华民族在新的时代背景和历史条件的重新发展，再次走到世界各国的前列。这是以超过人类总数五分之一的人为主体的伟大实践和历史运动，对21世纪人类世界的影响无论在时间上还是在空间上都将具有极大的穿透力和超越性，因而具有极其重要的世界历史意义。

中国铁路具有光荣的历史传统。在求解放、搞建设和改革开放的征程中，从“解放”型、“建设”型等蒸汽机车到“东风”型内燃机车、“韶山”型电力机车，再到和谐号动车组；从南昆铁路到青藏铁路，再到京沪高铁，铁路人始终传承着“四通八达、安全正点”“挑战极限、勇创一流”“人民铁路为人民”的铁路精神，铭刻着坚定跟党走的奋斗情怀。中国铁路近年来的飞速发展，充分诠释了中华民族伟大复兴这个主题。

特别是党的十八大以来，铁路人牢记习近平总书记

“实现中华民族伟大复兴中国梦”的嘱托，铁路建设捷报频传，中国拥有了世界上最现代化的铁路网和最发达的高铁网，大大增强了中华民族的自豪感和广大人民群众获得感。同时，中国铁路充分发挥在“一带一路”建设中的骨干作用，中国铁路的设计施工、技术装备走向世界、享誉全球，成功打造中欧班列国际物流品牌，班列开行和回程数量大幅增长，为促进丝路沿线国家经贸往来发挥了重要作用。扎实推进铁路技术装备创新，成功研制生产了具有自主知识产权的中国标准动车组，中国铁路成套技术装备特别是高速动车组已经走在世界前列。中国铁路砥砺奋进，

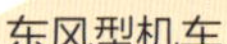
东风型机车

韶山型机车

解放型机车

建设型机车

⊙ 中国铁路机车车辆的发展历程

创造了令世界惊叹的新业绩，“中国高铁”既是“国家名片”，又展示了“中国方案”。

在决胜全面建成小康社会、实现中华民族伟大复兴中国梦的重要历史节点，将中国标准动车组命名为复兴号，具有特别的含义：一方面，复兴号真实记载了中国高铁技

复兴号动车组

和谐号动车组

术装备走向世界先进行列的发展历程，是中国积极响应国家号召，在实现中华民族伟大复兴的道路上追梦前行的真实写照；另一方面，复兴号充分展示了中国铁路服务经济社会发展、创造人民生活新时空的美好愿景，深情寄托着中国铁路人对中华民族伟大复兴的追求和期盼，复兴号将承载着中华民族的梦想驶向更加美好的明天。

复兴号命名之外，中国铁路总公司还组织对时速350 km中国标准动车组的型号确定及其含义进行了认真研究设计。时速350 km复兴号动车组有四方股份主导生产的CR400AF和长客股份主导生产的CR400BF两种型号。CR源自中国铁路的英文名称China Railway的首字母。

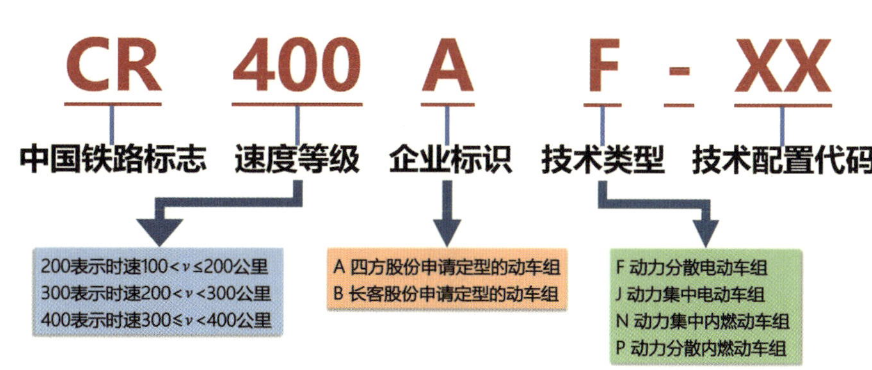


⊙ 复兴号型号及技术配置代码

200表示时速100 $v$

⊙ 复兴号中国标准动车组整装待发

“A”和“B”是企业标识，“A”指的是四方股份申请定型的动车组，“B”指的是长客股份申请定型的动车组；“400”指的是动车组的速度等级。“F”是技术类型代码，表示采用动力分散式牵引配置方案。

⊙ 复兴号中国标准动车组车在京沪高铁首发

⊙ 复兴号动车组驶出北京站

◎ 复兴号动车组驶出北京南站

2017年6月26日，复兴号正式命名的第二天，两列崭新的复兴号动车组G123和G124次列车从北京南站和上海虹桥站相向出发，列车快速驶离了车站，朝着1 318 km以外的目的地飞奔而去，中国高铁发展开启了新的征程。

从此，奔驰的复兴号，承载着中国亿万民众对中华民族伟大复兴的追求和期盼，穿过繁忙的城市走廊，跨越纵横交错的大江河流，从皑皑白雪的东北边陲，到春暖花开的江南胜地。复兴号的身影也逐渐从京沪高铁的一条线，延展到纵横交错的高铁网络之中，与尚在服役的和谐号动车组一起，双双飞驰，遥相呼应。

从“运河上的中国”发展到“高铁上的中国”，从古老缓慢的蒸汽机车到复兴号奔驰在祖国广袤的大地上，与时俱进、不断自我革新的中国铁路，已然成为中华民族生生不息、奔向复兴强国的缩影。

## 第二节 复兴号运营

复兴号自2017年6月26日在京沪高铁首发运营以来，及时实施时速350 km达速运营，不断扩大运行范围，提升运输服务品质。截至2019年底，复兴号运行范围覆盖60多条线路，通达28个直辖市、省会城市和自治区首府，累计发送旅客5亿人。复兴号的运营极大提升了高铁旅客出行获得感，有力扩大了高铁社会影响力，中国高铁品牌日渐深入人心。

### 一、复兴号实现时速350 km运营

党的十八大以来，铁路科技创新发展成就显著，为深入推进铁路供给侧结构性改革、提供更好的铁路运输服务创造了良好条件。在此基础上，中国铁路总公司为进一步发挥高铁成网优势，提升高铁运输服务品质，响应广大旅客缩短旅行时间、提供不同速度等级运输服务需求的新期盼，从2017年开始，全力推进京沪高铁复兴号动车组时速350 km运营准备工作，这也是复兴号品牌战略中的重要任务之一。

京沪高铁是中国高铁发展的缩影和典型代表，自2011年6月30日开通以来，经济效益和社会效益十分显著，是中国最繁忙的高速铁路干线，也是中国最快实现盈利的高速铁路。为进一步扩大京沪高铁效益，全力打造京沪高铁品牌，中国铁路总公司在总结多年高铁发展实践经验的基础上，运用科技创新成果，组织实施京沪高铁标准示范线建设，其中重点任务之一就是实现复兴号的率先达速运营。

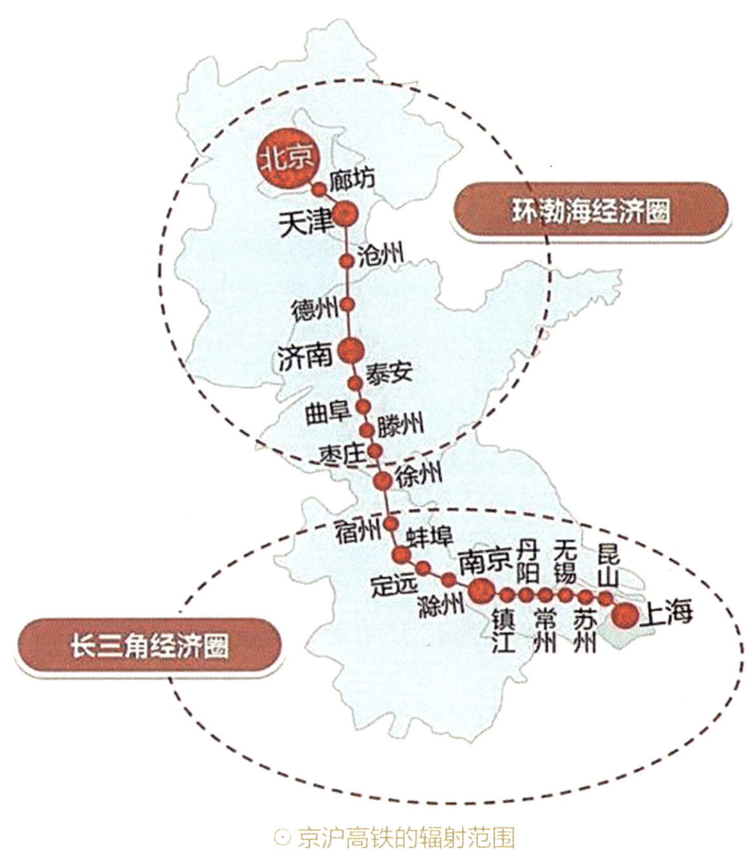


⊙ 京沪高铁的辐射范围

到2017年，京沪高铁已安全运营满6年，期间客运量持续大幅增长，累计开行列车58.3万列，年均增长18.6%，累计运送旅客6.3亿人次，年均增长21.2%；行车密度最高区段日均开行144对列车，高铁大运输能力优势充分显现。京

⊙京沪高铁“复兴号”按时速350 km运营

沪高铁顺利度过了初期运营期，积累了完整的安全运营和管理经验。

通过深入开展京沪高铁标准示范线建设，京沪高铁的技术装备和基础设施得到全面强化，设备运用维护水平持续提升，外部环境整治成效明显。京沪高铁品牌体验反映良好，新图实施准备工作全面落实，总体工作取得重要阶段性成果，复兴号动车组在京沪高铁按时速350 km运营时机成熟、具备条件。

在京沪高铁上实现复兴号的350 km/h运营达速，具有很好的综合效益，有利于进一步提升京沪高铁市场吸引力，增强可持续发展能力；有利于进一步缩短京沪间旅行时间，满足人民群众的旅行需求，让人民群众有更多的获得感；有利于进一步拉近沿线各城市间的时空距离，助推区域经济社会发展。

2017年7月，中国铁路总公司完成了京沪高铁复兴号动车组350 km/h达速运营研究。经过各项评估之后，2017年9

月21日，7对复兴号动车组在京沪高铁率先按时速350 km商业运营，京沪两地间运行时间压缩至4小时18分钟，中国成为世界上高铁商业运营速度最快的国家，复兴号为世界高速铁路商业运营树立起新标杆。

达速运营之后，复兴号展现出良好的技术先进性、安全可靠性和乘坐舒适性，运行状况总体平稳，旅客体验反映良好，赢得了社会广泛赞誉。复兴号高品质的运营服务提升了客流吸引力，截至2018年9月20日，复兴号以350 km/h运行一周年时，累计安全运行7 000余万公里，发送旅客7 601.1万人，平均客座率82.7%，较全路高铁列车客座率高出7.5%。始发、终到正点率分别达到99.24%、97.92%。其中，京沪高铁350 km/h复兴号累计发送旅客1 157.2万人，平均客座率达到93.8%，较本线其他同区段列车客座率高出14.7%。在京沪高铁成功达速运营后，复兴号于2018年8月8日在京津城际也实现了按设计时速350 km运营，开行首月安全运送旅客321.2万人，同比增长15.2%，日均发送旅客保持在10万人以上，平均客座率74.3%。

## 二、扩大复兴号开行范围

中国铁路牢记习近平总书记嘱托，加强统筹协调，科学安排进度，逐步扩大复兴号列车开行范围，让更多旅客享受到复兴号的优质服务。

2018年以来，中国铁路充分利用春运、调图等契机，安排在更多线路、更多方向增开复兴号。到2019年，复兴号已开行68条线路，覆盖京沪高铁、京广高铁、广深港高铁、徐兰高铁、沪昆高铁、合福高铁、合蚌高铁、宁杭高铁、京津城际、津秦高铁、沪宁城际、宁安城际、广珠城际、石济客专、西成客专、石太客专、贵广客专、柳南客

## 中长期高速铁路网规划图

⊙ 中长期高速铁路网规划图

专、金温、沈丹、京哈、宁蓉、杭深、益永、衡柳线等线路，通达28个直辖市、省会城市和自治区首府。

2018年9月23日复兴号开行到香港特别行政区。高铁香港段开通，实现了香港高铁与内地44个城市的联通，标志着香港加入国家高铁网络，步入了高铁的新时代。开通后从香港西九龙车站到福田车站仅需14分钟，到广州南车站最快47分钟，至上海时间为8小时17分钟，至北京不到9小时。香港高铁与内地高铁联通，两地人民频繁往来，拉动经济快速增长，促进内地与香港携手走上共赢的快车道。

未来，将继续优化复兴号供给质量，充分发挥高铁成网效应，科学安排复兴号开行，不断强化复兴号客运主力军作用，让更多旅客享受到复兴号的优质服务。

⊙ 复兴号动车组在京沪高铁运行

⊙ 复兴号动车组在京张高铁运行

⊙ 复兴号动车组行驶在京张高铁

⊙ 复兴号动车组行驶在广深港高铁

⊙ 复兴号动车组行驶在京津城际

⊙ 复兴号动车组行驶在沪宁城际

⊙ 复兴号动车组行驶在沪昆高铁

⊙ 复兴号动车组行驶在京广高铁武广段

## 三、持续完善运维体系

高速列车要实现安全、可靠、高效地运营，除了优秀的设计、精细的制造，科学的运维也至关重要。复兴号列车最高运营速度350 km/h、每年运行里程60万到80万km。在如此高速度、长里程的运用情况下，要确保其可靠性、可用性和安全性目标的实现，同时兼顾经济成本，就需要有快捷、先进、科学的运维体系进行保障。国铁集团运营部门利用车载故障诊断及信息远程传输技术，依靠先进的维修制度、强大先进的维修保障技术，在尽量短时间内完成必要的整备、日常维修及高级修工作，排除运行中发生的故障，保证列车正点运行，在复兴号成功运用中发挥了重要作用。

⊙复兴号穿越广西山川花海

复兴号动车组在设计之初，基于和谐号动车组运用检修经验和数据积累，研发团队在对我国动车组运用检修状况全面调研分析的基础上，针对我国动车组的运用维修需求，以现代维修理论为指导，应用RAMS技术，从维修级别、维修周期、维修范围、维修方式和策略等方面开展了动车组统一修程修制的方案研究，提出了动车组整车RAMS指标，包括可靠性、定期检修率、临修检修率、完好率、维修等级及周期、停时等，并逐级进行分解落实。其中，复兴号动车组一级修周期由和谐号动车组的最低4 400 km提高到了7 700 km，有效提升了复兴号动车组的可运用性。

复兴号品牌战略实施过程中，国铁集团持续完善高速列车运维体系，针对复兴号运维主要开展了以下工作：

一是优化检修布局安排。按照“专业化、规模化、集约化，集中检修”原则，开展“复兴号”动车组检修布局顶层设计。同时开展动车组修程修制优化，推动高质量持续健康发展，实现提质降本增效；探索动车组高级修体制机制改革，研究企业合作模式，释放检修能力，提升检修效率效益。二是提高检修维护质量。做好新造动车组上线前的整修、精调，加强日常检修作业及质量卡控，严格落实出库联检制度，确保复兴号出库上线质

⊙复兴号动车组行驶在胶济客专

量。严格落实季节性安全措施。跟踪掌握动车组磨耗、振动、车辆平稳性等指标变化，指导检修维护。三是强化大数据研究应用。以加强大数据分析运用为手段，推动设备数据跨专业共享，加大基础设施和移动装备检测监测技术研究力度，深化故障预测和服役期健康管理，逐步实现数据信息由人工管理向人机结合、智能化诊断转变，全面科学地掌握设备变化规律，超前研判隐患风险，及时发现设备故障，精准开展设备维修。

## 四、复兴号运营效果

自从2017年6月26日复兴号正式在京沪高铁上线运营以来，在全路的共同努力下，复兴号品牌战略全面推进，越来越多的复兴号列车奔驰在祖国广袤的大地上，充分展示了中国高铁发展的新成就、新形象，凭借良好的技术先进性、安全可靠性和乘坐舒适性，复兴号为旅客提供了温馨便捷、优质高效的出行服务，有力提升了人民群众的获得感和幸福感，取得了良好的经济、社会效益。

复兴号品牌形象深入人心。全路以复兴号投入运营为契机，全面落实客运提质计划，努力打造复兴号服务品牌。陆续推出了网上订餐、智能导航、刷脸进站、在线选座、中转接续换乘、微信支付、常旅客等一系列服务新举措，方便旅客出行。全面实施高铁一日一图，最大限度地实现了运力投放与客流需求相匹配。全面推行厕所革命和车站畅通工程，旅行环境有了明显改善。实现动车组Wi-Fi覆盖，进一步提高旅行质量。总结推广复兴号在京沪高铁上的运营经验，进一步规范了复兴号服务标识、广播、宣传品、广告、备品、验票等服务标准，优化完善服务流程。复兴号动车组丰富完善的服务举措极大提升了旅客出行体验，社会满意度不断提高。

复兴号品质上乘，服务优质，展现了中国高速铁路技术发展的水平。上线以来不仅受到国内广大乘客的称赞，也得到了国际友人的高度认可。2018年6月11日，国际奥委会媒体运行考察团一行5人乘坐往返京津间的高铁列车，考察复兴号动车组服务设施情况，对中国高铁设施与服务给予高度赞许。考察团成员在商务客室内兴致勃勃地体验了座椅的各种调节功能，还将一个1英镑硬币竖在窗台上，看到硬币长时间保持不倒，称赞不已："这次乘坐复兴号高铁列车感觉非常好，用两个关键词来形容就是轻松和舒适！"

运营安全状态始终保持良好。复兴号启用以来，铁路部门加强检修维护，建立了复兴号安全信息收集、上报、统计、分析等工作机制，各专业和安监部门每日汇总分析涉及复兴号的所有故障信息，及时查明原因，制定防范措施。同时，与生产企业建立定期对接制度，深入分析复兴号运营过程中发现的问题。建立了运用维护大数据分析机制，为加强检修作业提供了有力支撑。严格的设备质量要求和安全管理确保了复兴号的安全运营。

运输规模持续攀升。复兴号自开行以来，很快成为中国高铁列车的核心力量，运输规模快速增长。截至2019年底，时速350 km 8辆、16辆、17辆复兴号动车组、京张高铁复兴号智能动车组、时速160 km动力集中型复兴号动车组陆续上线运行，复兴号列车日开行达1 139对，占动车组开行对数的17.7%；复兴号开行以来累计发送旅客5亿人，平均客座率74.4%。其中，京沪高铁复兴号累计发送旅客11 993.2万人，平均客座率达到80.7%，较本线其他同区段列车高出5个百分点。复兴号已成为人民群众出行的重要选择。

## 第三节 复兴号系列动车组

按照复兴号品牌战略规划，未来要“建成品类齐全、结构合理、涵盖不同速度等级、适应多元化运输需求和不同应用环境的复兴号系列产品体系”。这就意味着，复兴号不仅仅有8编时速350 km/h一种产品，还需要根据市场需求，研制系列化动车组。

为统筹做好复兴号系列产品的研制，在8编350 km/h复兴号研发的同时，中国铁路总公司就启动了复兴号产品的顶层规划，从中国路网特点、环境特点、客流形态、技术发展趋势等方面进行了全面分析，综合考虑对动车组的速

**复兴号顶层规划**

| 时速 | 用途 | 编组形式 | 动力型式 | 动力配置 | 现有典型产品 |
|---|---|---|---|---|---|
| 350 km<br>300 km<br>250 km<br>200 km<br>160 km | 通用型<br>高寒型<br>智能型 | 4编组<br>8编组<br>16编组<br>17编组 | 电力<br>内燃<br>混合动力 | 动力集中<br>动力分散 | CR400AF/BF<br>CR400AF-A/BF-A<br>CR400AF-B/BF-B<br>CR400AF-C/BF-C<br>CR400BF-G<br>CR300AF/BF<br>CR200J |

度等级、编组形式、动力配置等方面不同层次的需求，提出了系列化产品规划方案。

按照顶层规划，根据高铁运输需求，在时速350 km 8辆编组复兴号研制成功的基础上，由国铁集团组织、铁科院技术牵头、相关企业参与，相继研发了时速350 km 16辆/17 辆编组、京张智能、时速 250 km等复兴号动车组系列产品，并不断提升标准化、智能化水平以及推进以太网、节能环保等新技术应用。

⊙ 复兴号家族

1. 时速350 km 16辆编组复兴号动车组

时速350 km 16辆编组动车组可以增加定员，节约成本，提高综合效益，旅客可在全列车内通行，适合长大繁忙干线运输需求。2017年7月完成时速350 km 16辆编组复兴号动车组技术条件编制。2018年7月1日，首次投入运营。

⊙ 16辆编组的复兴号

16辆编组列车采用8动8拖动力配置，全长约415 m，轮周牵引功率19 500 kW（CR400AF-A）/20 280 kW（CR400BF-A），定员1 193人，比2列8辆编组重联定员增加41人。

与两列8辆编组重联比较，16辆编组的复兴号列车中部没有重联的头车，全列平顺性更好，运行阻力和能耗有所降低。350 km/h速度时总阻力降低了7%。起动加速能力有所提高，从静止加速到350 km/h的加速距离缩短了7.4%；加速时间缩短了5.6%；350 km/h剩余加速度增加了5%。

### 2. 时速350 km 17辆编组复兴号动车组

针对京沪高铁特别繁忙的实际，为进一步提升其运输能力，按照中国铁路总公司统一部署，在CR400型16辆编组复兴号动车组基础上开展复兴号动车组扩大编组方案研制工作，进一步提高动车组载客能力。2017年11月中国铁路总公司启动时速350 km 17辆编组复兴号动车组研制。2019年1月5日，17辆编组列车在京沪高铁上线运营。

17辆编组复兴号动车组采用8动9拖动力配置，全长约440 m，是世界上最长的动车组。轮周牵引功率19 500 kW

⊙17辆编组超长版复兴号动车组

（CR400AF-B）/20 280 kW（CR400BF-B），载客定员1 283人，载客能力较16辆编组提升了7.5%，人均百公里能耗降低约2.5%。该车型更大限度利用了车站站台长度、检修设施、变电所容量等既有设施条件，其检修维护技术与既有时速350 km复兴号动车组一致，车体、转向架、牵引等系统及部件可实现通用互换。

### 3. 时速350 km 8辆编组复兴号高寒动车组

为丰富复兴号动车组产品平台，适应高寒地区运用环境要求，在时速350 km复兴号通用型动车组基础上，开展了时速350 km复兴号高寒动车组研制工作，2019年6月投入运用。

⊙复兴号高寒动车组

时速350 km复兴号高寒动车组主要技术参数与8辆编组时速350 km复兴号动车组通用型基本相同，重点对动车组防寒保暖、材料低温适应性、密封防雪结构、冷凝水防治、电器元件低温适应性、主要功能部件低温适应性、低温润滑等方面进行了研究设计，能够满足零下40℃低温环境运用需求。

4. 京张高铁复兴号智能动车组

为更好适应京张高铁运营、更好服务2022年北京冬奥会，在复兴号CR400BF型动车组基础上，充分利用前沿技术研究成果，重点开展智能化、安全舒适、绿色环保、综合节能、奥运服务、运用适应性等方面的技术攻关，研制了京张高铁复兴号智能动车组，分标准配置和奥运配置两种车型。2018年5月完成该动车组技术条件编制。2019年12月30日，在京张高铁首次投入运营。

根据京张高铁线路特点，如坡道多、坡度大，坡道比例91%，最大坡度30‰，沿途桥梁、隧道多，桥梁64座共

65.9 km，隧道10座共49.5 km，桥隧总长占全线的66%，还存在低温高寒、风沙较大等气候条件，京张智能动车组在运用适应性方面优化提升了牵引、制动性能，增设了应急自走行功能，同时借鉴了CRH380BG型高寒高速动车组及CRH5G型高寒抗风沙动车组的成熟结构和运用经验，更加适应京张高铁线路运用需求。

在标准配置复兴号智能动车组的基础上，奥运配置对旅客服务设施进行了优化，融入奥运主题和中国元素，满足冬奥会期间旅客、媒体记者及工作人员需求。列车的5号车设置为多功能车厢，可供媒体人员办公，通过大屏幕观看赛事直播；4号车设有滑雪器材和兴奋剂检测样本存放处；整车设有无障碍卫生间，座椅采用滑道式安装可快速拆装，适应冬残奥会服务需求。

⊙ 京张高铁复兴号智能动车组

复兴号动车组在智能化方面已经有较好的基础，布置了全面的传感系统，配备了先进的列车网络控制系统，在自感知、自诊断、自决策、自适应等方面有了很大提升，京张高铁复兴号智能动车组以此为基础，在智能行车方面取得了突破性进展，在智能运维和智能服务有了进一步提升。

**智能行车方面**，实现了GOA2级有人值守的自动驾驶。动车组搭载CTCS3级ATP+ATO系统，车辆接收其信号后，通过逻辑控制和电路控制，实现车站自动发车、区间自动运行、车站自动停车、车门自动打开、车门/站台门联动控制等智能行车功能。

⊙ 自动驾驶ATO技术

车载设备包括车载ATP系统和ATO系统。车载ATP系统主要负责列车安全防护，列车自动驾驶则由车载ATO设备实现。ATO列控设备由车载安全计算机、轨道信息接收单元(STM)、应答器信息接收单元(BTM)、ATO单元设备、人机界面(DMI)、速度传感器、记录单元等组成。车载ATP设备增加ATO单元，车辆增加与牵引、制动、车门等子系统相关的接口电路以及列车网络控制系统与ATO系统接口

通信，增加天线和无线电台构建独立的车地通信通道，实现ATO自动控车运行功能。

地面设备采用相对独立的模块，实现站台门防护及联动控制、运行计划处理和转发、站间数据上车等功能。针对站内精确停车，车站股道需要设置精确停车应答器，向车载设备传输停车点等信息。

**智能运维方面**，通过对动车组的智能化运行监控，实现关键部件的故障预测和早期预警，及时通知使用和维护人员采取相应的措施进行处理，避免恶劣故障的发生；通过对动车组的智能化健康管理，对不同动车组状态的实时监控数据、故障历史信息，结合专家经验知识，全面掌握动车组及其部件健康状态，为运行监控人员和维修保障人员合理安排维护时间、任务及应急措施等提供技术支持；通过提高动车组的智能化检修维护水平，优化动车组运用、检修、调车作业和检修物料等计划，提升作业管理手

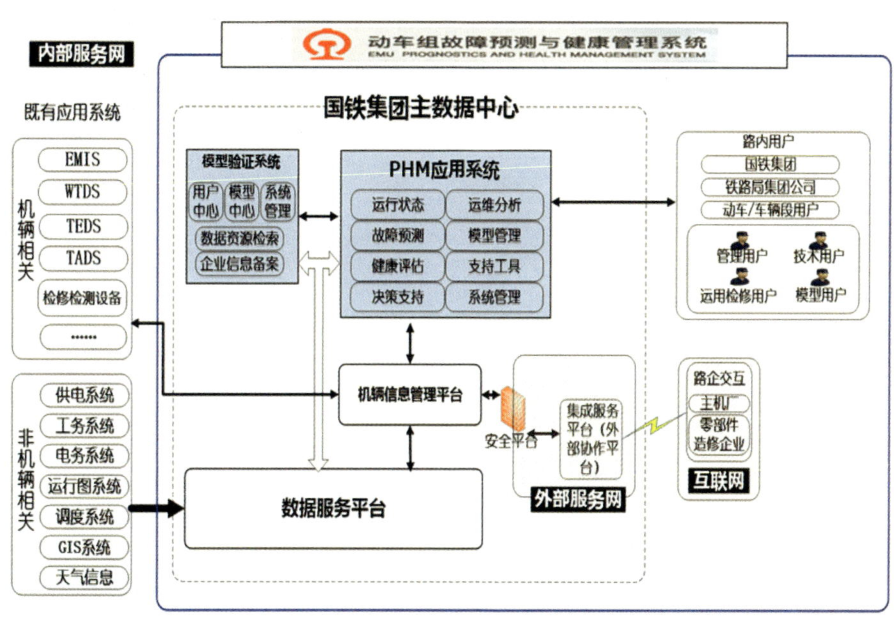

⊙ 动车组故障预测与健康管理系统

段，对人、车、物料、工具等生产元素和作业过程进行全方位信息采集和智能管控，加强物流供应管理，以需求驱动物料采购、仓储和领用。

**智能服务方面**，动车组以乘客为中心进行优化，提高乘坐舒适度。客室整体设计简洁温暖，媒体区域舒适明快，烘托出不同的客室氛围；智能灯光调节模拟自然光照，根据动车组进出隧道状态，自动调节亮度，消除外部光线变化对旅客带来的视觉冲击和不适感；车窗采用变色

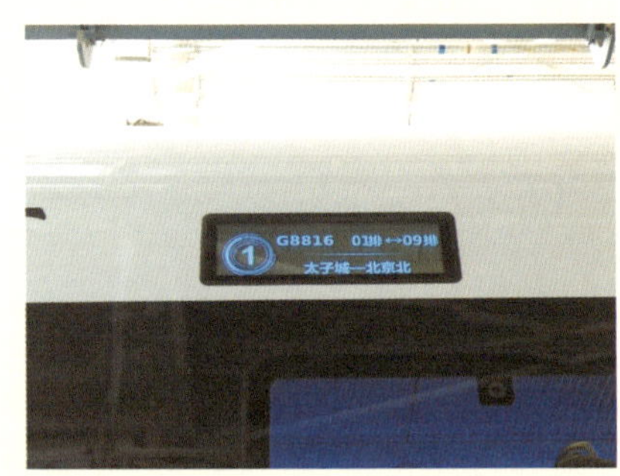


⊙ 智能动车组车外信息显示屏

⊙ 智能动车组车内信息显示屏

⊙ 智能动车组媒体车厢

⊙ 智能动车组自动售卖机

⊙ 智能动车组餐车

技术，为旅客提供全新的乘坐体验；采用车内压力波主动控制，座椅采用深度人机工程学设计，全面提升旅客乘车感受。车内LCD信息进行分屏显示，既能为旅客提供娱乐视频服务，又能实现预到站/到站/离站的旅客提醒服务；车外LCD信息显示器增加座席号提示；应用最新环保材料及技术，并实施车内垃圾分类存放及废水再利用，提升动车组绿色环保性能。

为满足人民对美好旅行生活不断增长的需要，推动中国高速动车组技术持续引领，中国铁路未来将不断推进智能化研究应用，不断提升列车智能化水平。

### 5. 时速250 km 8辆编组复兴号动车组

按照复兴号系列化产品规划要求，持续推进动车组自主化、简统化和互联互通，提升运用品质，降低运用维修成本，在时速350 km复兴号动车组技术平台基础上，开展了时速250 km复兴号动车组的研制。2017年9月完成该动车组技术条件编制。2019年11月14日，国家铁路局向长客股份和四方股份颁发了时速250 km复兴号动车组型号合格证和制造许可证。

⊙ 8辆编组时速250 km的复兴号

时速250 km 8辆编组复兴号动车组采用4动4拖动力配置，全长约209 m，轮周牵引功率5 460 kW，定员613人。

与既有时速250 km和谐号动车组相比，时速250 km复兴号动车组具备以下特点：一是全面自主化，全部核心软件和硬件均为中国自主研发，列车网络控制系统首次采用以太网控车。二是性能提升，运行阻力、能耗、噪声等指标更优，安全监测更全面，寿命更长。三是采用中国标准，紧密结合中国铁路运用环境和需求，提升互联互通水平，实现列车操纵、运用、易损易耗及关键部件检修维修的统一，以及相同速度等级重联运营，不同速度等级相互救援，显著降低运用维修成本。

### 6. 时速160 km动力集中型复兴号动车组

随着铁路六次提速以及高铁的发展，旅客对于动车出行的需求不断增强，尤其是既有和规划中高铁覆盖率较低的地区更是迫切需要能够享受到动车出行的客运服务。为充分利用既有机、客车的检修资源，降低运用检修成本，缓解枢纽、客站咽喉及到发线运输压力，提高运输效益，满足既有普速干线和城际间开行动车组的需求，提高既有线运输服务品质，替换在既有线路开行的动力分散动车组，降低运输成本，中国铁路总公司组织研制了时速160 km CR200J动力集中电动车组。

2017年8月，动车组技术条件完成编制；2019年1月5日动车组在北京—上海、北京—杭州间率先投入运营。

时速160公里CR200J动力集中动车组，分为短编组和长编组，可进行灵活编组。其中，典型短编组为1辆动力车+7辆拖车+1辆控制车，列车总长约232 m，轮周牵引功率5 600 kW，总定员720人；典型长编组为1辆动力车+18辆拖车+1辆动力车，列车总长约510 m，轮周牵引功率11 200 kW，总定员1 102人。

时速160 km CR200J动力集中动车组吸收了既有机车和25T客车的成熟技术，动力车与拖车按照动车组的理念和要求进行一体化设计，采用流线型头型。动车组外观、辅助供电、控制诊断、制动、安全监测等方面进行一体化设计，提高安全可靠性。动车组采用最大宽度为3 360 mm的鼓形车体，增大了车厢空间，按照动力分散动车组标准设计内装、照明、旅客便携设备供电、车厢Wi-Fi无线网络等，大幅度提高旅客乘坐舒适性。提升列车智能化水平和制动性能，减小纵向冲动，实现不同生产厂家的动力车、控制车互联互通，短编组可重联运行。

⊙时速160 km动力集中动车组

# 结束语：面向世界的复兴号

回首往昔，高铁发展三十多年岁月峥嵘；展望未来，中华民族伟大复兴已然在望。复兴号就这样从无到有、从少到多，向全世界展示了中国高端制造业的能力和水平，也向全世界证明了中国人自强不息、努力奋进的开拓精神。

中国高铁技术从萌芽到成熟，中国高铁技术标准从初绽到系统化。三十多年的艰辛探索风雨兼程，五年的技术集中发力让人惊艳，最终诞生了中国最具特色、最引以为豪的交通装备复兴号，这也是现代高新技术与中国传统文化相结合的艺术精品。

随着“一带一路”倡议的提出，中国高铁正在逐渐走出国门。目前，中老铁路、印尼雅万高铁等进展顺利，匈塞铁路、中泰铁路等合作项目前期工作取得积极进展。雅万高铁是中国高铁整体走出去的标志性项目，已确定采用复兴号为代表的中国高铁成套技术和装备，按350 km/h设计建设运营，开创了中国铁路“走出去”的崭新局面。复兴号高速列车在中国的土地上画出一道亮丽风景的同时，也为世界铁路提供中国方案、中国技术、中国智慧，实现中国铁路走出去向产业链高端的跃升。

创新无止境，以国铁集团、中车股份以及相关高校、科研机构为代表的铁路科技创新团队在攀登科技高峰的道路上永不停歇，正在着力打造更安全、更环保、更节能的复兴号新一代高速动车组研发平台，为中国高速列车持续领跑世界继续努力。

晨曦初露，万物苏醒，动车组风驰电掣，复兴号高速列车又开始了新的旅程，在万众瞩目和期待中快速迈向新的时代！

# 后　记

本书是铁路众多单位和个人通力协作的结晶。在编撰过程中得到了以下同志的大力支持和帮助（以姓氏笔画为序）：刁晓明、王小红、王五昌、王文静、王成武、王宏谋、王俊彪、王晓刚、王　超、王雅婷、王鏐莹、文　彬、邓　海、田永秀、田朋溢、刘伟志、许　聪、杜瑞涛、李中浩、李邦国、李　谷、李杰波、李洋涛、杨伟君、杨兆禹、杨　欣、杨斯沥、吴新民、宋永丰、张　岩、张晓晋、张　黎、陈　波、陈　璨、周　毅、单杏花、赵向红、段明民、殷振环、高　翔、黄志平、黄　金、董孝卿、鄢桂珍、蔡　田、樊贵新、魏　庆。编撰时还参考了大量资料，选用了一些图片，在此对作者一并表示衷心的感谢。

复兴号研发是一个十分庞大的工程，本书阐述的仅是一个宏观图景和部分局部细节。另外，受编者技术水平和实践经验局限，书中难免存在不足和缺憾，恳请读者批评指正。